IR insight

한국IR협의회

반달뜨는꽃섬

IR insight

발간사

상장기업의 IR활성화를 위해 본회는 2013년 「상장법인 IR모범규준」을 제정하여 IR의 기준을 마련하였고, 국내 유일의 IR전문교육기관으로 상장기업 임직원의 IR역량 강화는 물론 IR에 대한 경영진의 인식 제고에도 일조하였습니다. 또한, 2022년 '한국IR협의회 기업리서치센터'를 설립하여 중소형 상장기업에 대한 리서치 정보를 투자자에게 제공하고 있습니다. 앞으로도 본회는 자본시장과 같이 호흡할 수 있는 IR의 변화된 기준을 제시하고 새로운 지평을 열어주는 길잡이가 될 것입니다.

지난 2012년 발간한 「IR 길라잡이」는 현직에서 IR을 담당하는 실무책임자들의 집필로 IR에 대한 개념을 이해하고 관련 업무수행 시 유용한 참고서로 널리 활용되었습니다.

본회 창립 15주년을 맞이하여 금번 발간하는 이 책자는 상장기업에서 다년간 IR업무를 담당했던 IR책임자들의 현장에서의 소중한 경험과 지식을 담았습니다. 또한, 최근 자본시장에서 주목받고 있는 ESG도 포함하여 빠르게 변화하는 IR환경을 이해하는 데 도움을 주고자 하였습니다. 모쪼록 이 책을 통해 상장기업이 IR업무를 효율적으로 수행하는 데 도움이 되기를 바랍니다.

  바쁘신 가운데도 불구하고 집필을 위해 노고를 아끼지 않으신 LG 전자 심상보 상무, 산일전기 오창희 상무, LG화학 윤현석 상무, 그리고 한국항공우주산업 최용호 박사에게 진심으로 감사를 드립니다.

2023년 12월

한국IR협의회 회장

채 남기

주식시장과 IR

최용호 박사 | 한국항공우주산업

Chapter 1 │ 주식시장과 IR

1. 시장이 듣고 싶어 하는 것과 내가 말하고 싶은 것

■ 살아있는 주식시장

주식시장에서 기업의 주가는 살아 있는 생물과 같다. 살아 있다는 것은 늘 변화하고 움직인다는 것인데 이것의 방향성을 알 수 있다면 거기에 맞게 대처함으로써 기업은 앞으로 닥칠지 모르는 주가 하락의 위험을 줄이거나 피해 갈 수 있을 것이다. 살아 있는 주가의 생명력은 기업의 내재 가치가 우선한다. 그리고, 과거에 살아왔던 모습보다는 미래의 모습, 즉, 잠재된 비전과 그것을 이루기 위한 현재의 합리적인 노력 등이 중요한 요소로 반영된다. 물론, 주식시장이 살아 있다고 말하는 중심에는 행동재무학자들의 논리도 존재한다. 이들은 주가를 형성하는 요소 중 투자자 심리가 중요하게 작용한다고 믿는다. 이에 대해 나는 주식시장을 오랫동안 바라보고 있는 사람으로서, 일부는 인정할 수 있지만, 이런 생각이 분명 정통재무학자의 이론과는 결이 다른 얘기라 생각한다. 기본적 분석(Fundamental Analysis)을 우선시하는 정통 재무론자들은 기업의 주가는 내재 가치에 따라 결정되며, 외부 요인이 있다고 하더라도 주가는 결국 내재 가치가 반영되어 결정된다고 주장한다. 주가가 어떻게 움직일 것이라고 예측하는 이론들 모두의 공통점은 주가가 움직이고 있으며, 시장은 공정해야 한다는 것이다. 그래서 주가의 흐름에는 정보의 효율성이 중요하고, 이를 위한 다양한 규정과 적정한 제재가 존재한다. 공정하지 못한 거래에는 누군가 이득을 얻고 다른 누군가는 손해를 보기 때문이다.

경기장의 구석구석을 잘 알고 있거나 규칙에 익숙하다면 경기를 진행하거나 승리하는 데 있어서 분명 도움이 될 것이다. 골프장에 들어서면 잔디가 양잔디인지 조선잔디인지 꼭 물어보는 사람이 있다. 한 걸음 더 나아가 양잔디가 벤트그래스인지 버뮤다그래스인지 궁금해하는 사람도 있다. 이는 골프 경기를 함에 있어 누구에겐 중요한 얘기가 아닐 수 있겠으나 승리에 집중하는 골퍼라면 중요한 사항이 될지도 모른다. 이처럼 시장을 잘 파악하고 있어야 한다는 것에는 시장이 좋아하고 싫어하는 것에 주목하는 것이 중요함을 담고 있다. 그런 점에서 시장이 듣고 싶어 하는 것에 대한 잘 준비된 반응이 특히 필요하다.

■ 시장이 듣고 싶어하는 것

시장이 듣고 싶어 한다는 것은 달리 말하면 '그렇게 하라고 요구하는 것'일 수 있다. 예를 들어, A기업에 대해 많은 애널리스트가 "당신 회사는 성장을 위해서 자금을 조달해야 합니다. 지금 보유한 현금으로는 어림도 없습니다. 지금 재무 상황으로는 부채조달은 좋은 결정이 아닐 테니 증자가 좋을 것 같습니다"라고 말한다고 가정하자. 기업은 어떤 선택을 하는 것이 좋을까? 시장의 조언대로 증자하는 경우, 부채조달을 하는 경우, 그리고 조달하지 않는 경우 등을 생각해 볼 수 있다. 각 선택의 결과는 결국 주가가 말해준다. 만약 증자하지 않고 부채조달을 한다면 부채 증가 등으로 야기되는 리스크를 감수해야 하겠지만, 전문가들은 이미 이것을 부정적이라 판단하고 제안하지 않을 것이다. 이런 점을 고려했을 때 기업은 시장의 목소리를 경청해야 한다. 그럼에도, 시장의 목소리와 다른 의사결정을 했다면 그 불가피성을 잘 설명해 주어야 한다. 그래야 주가 변동성이 커지지 않을 것이다. IR활동은 기관투자자를 만나 회사 비전을 전달하는 것뿐만 아니라, 이 같은 시장의 목소리를 경영진에게 직접 보고할 수 있는 사내 채널도 확보하고 있어야 한다.

실질적인 사례 두 가지를 들어보고자 한다. 먼저, 우리나라를 대표하는 기업, 삼성전자의 예이다. 삼성전자는 몇 가지 큰 사업 포트폴리오를 가진 세계적인 기업으로, 포트폴리오 중 반도체 사업이 가장 잘 알려져 있다. 모든 사업이 그렇겠지만 제품은 수요와 공급에 의해 가격이 결정된다. 기업체가 산업에서 중심적인 위치에 있다고 하더라도 마찬가지이다. 물량을 잘 조절하고 가격 결정에 참여하여 수익성 관리를 할 수는 있겠으나 이를 지속해서 주도하긴 어렵다. 2022년 내내 주식시장이 삼성전자에 요구했던 것은 DRAM 가격 하락기에 중요한 것은 원가 경쟁력이고, 수요감소로 공급과잉이 나타나 가격이 하락하고 있으니, 경쟁력을 확보하려면 인위적인 공급량 축소, 즉 감산해야 한다는 것이었다. 당시 삼성전자는 '인위적인 감산은 없다'는 원칙을 고수하고 있던 터라, 실적발표에 시장의 이목이 쏠렸다. 2023년 4월 7일 삼성전자가 1분기 잠정실적을 발표했다. 분기 영업이익이 2009년 1분기 이후 14년 만에 처음으로 1조 원을 하회한 6,000억 원에 불과했다. 시장 예상치(컨센서스)가 1조 원을 바라보고 있었기 때문에 삼성전자의 실적발표는 그야말로 어닝 쇼크였다.

삼성전자는 1분기 잠정 실적발표와 함께 시장의 요구를 받아들이겠다고 발표했다. 지금까지의 원칙을 꺾고 인위적인 감산을 실시하겠다고 한 것이다. 그 결과는 어땠을까? 역대급 실적 악화에도 불구하고, 애널리스트들은 목표주가를 올렸고, 주가는 당일 4.3% 상승한 것은 물론, 이후 1개월간 평균주가 상승률이 4.8%에 달했다. 어닝 쇼크라는 결과물을 가지고도 삼성전자는 시장의 요구를 받아들임으로써 오히려 성공적인 IR이라는 평가를 받을 수 있었다. 물론, 인위적 감산이 불가피한 상황이어서 어쩔 수 없었을 수도 있으리라. 그러나 그것이 IR과 연관된 발표였다는 점은 IR담당자들에게 시사하는 바가 크다. 삼성전자는 모든 IR담당자에게 이렇게 얘기했을지도 모르겠다. "IR은 이렇게 하는 거야!"

IR담당자의 가장 큰 역할 중 하나는 시장을 모니터링하는 것이다. 시장이 무엇을 요구하고 있고, 어떻게 흘러가고 있는지를 항상 관찰해 회사 경영진에게 전달할 의무가 있다. 그래서 경영진에게 시장을 꿰뚫는 의사결정을 내리게 함으로써 기업가치를 제고할 수 있는 것, 이것이 소위 IR담당자 역할이라 하는 '주가관리'이다.

〈표 1〉 삼성전자 잠정실적 발표 후
주가 변동

출처 : Fnguide.com

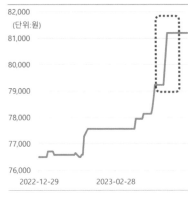

〈표 2〉 삼성전자 잠정실적 발표 후
목표주가 변동

출처 : Fnguide.com

두 번째 예는 한화그룹의 주력기업인 한화에어로스페이스이다. 2020년대 초반 한화그룹은 방산사업을 핵심 포트폴리오 사업으로 선정하고 관련 사업들을 대내외적으로 정비하고 있었다. 2022년 한화그룹은 대우조선해양(현재 한화오션) 인수를 결정했다. 이는 대우조선해양의 방산사업 분야가 국내 선두였다는 점에서 '한국판 록히드마틴'을 꿈꾸는 한화그룹의 관심 대상에 늘 올라와 있었기 때문으로 분석된다. 문제는 대우조선해양을 인수하는데 한화에어로스페이스가 가장 자금을 많이 부담해야 하는 데다, 자회사로 들어올 가능성이 제기되었다는 점이다. 그렇게 되면 한화에어로스페이스의 매출 구성에서 정체성이 불분명하게 될 수 있어 기업가치 평가가 난해해질 수 있다는 우려가 제기되었다. 쉽게 말해 항공방산 분야는 PER 30배인데, 조선방산 분야가 10배에 불과하다면 득이 되지 않을뿐더러 조선 방산부문의 매출 비중이 높아지면 도대체 이 회사를 '어떤 기업가치 잣대로 봐야 하는가?'라는 문제 제기였다. 결론적으로 한화에어로스페이스는 우주, 방산 분야에 역량을 집중시키고, 대우조선해양의 방산사업부문의 경쟁력과 성장성을 부각시킴으로써 시장의 우려를 빠르게 해소시켰다. 그 결과 한화에어로스페이스의 주가는 우상향 가능성이 높아졌다는 시장 평가가 나왔고, 목표주가 역시 상승세를 기록했다. 시장의 목소리에 빠르고 긍정적으로 반응함으로써 주가 변동성은 축소되고, 기업가치에 대한 매력도는 올라간 좋은 사례이다.

〈표 3〉 2023년 한화에어로스페이스 목표주가 추이

출처 : Fnguide.com

물론 이는 필자의 해석이다. 당시 기업에는 복잡한 상황들이 있었고, 그것이 이미 주가에 반영되었을 수 있기 때문에, 몇 가지 요인으로만 시장 반응을 평가하는 것은 무리일 수 있기 때문이다. 그런 점에서 필자는 시장의 다양한 상황은 잠시 내려두고, IR 측면에서 얘기하는 것에 집중하고자 한다. 시장에서 일어나는 현상들을 IR담당자, IRO(Investor Relations Officer) 입장에서 해석하고 싶기 때문이다. 기업이 사업의 변화를 준비하면 신기하게도 주식시장이 먼저 반응하기 시작한다. 그런 점에서 경영진은 시장 요구에 합리적이고 빠르게 반응하는 것이 주가 측면에서도 변동성을 줄이고 긍정적으로 움직이게 할 수 있다는 점을 잊어서는 안 된다.

■ 최악의 IR시나리오, 내가 말하고 싶은 것만 말하기

기업이 주식시장과 소통하는 방법을 여러 가지로 생각해 볼 수 있지만, 최악의 시나리오는 내가 말하고 싶은 것만 말하는 IR활동일 것이다. 이런 경우는 보통 연초에 실시하는 연간 가이던스 발표에서 나타난다. 1월은 한 해의 장밋빛 전망을 발표하는 시기이다. 그래서 '1월 효과'라고 연초 주가가 다른 달에 비해 수익률이 높은 이례적 현상(Anomaly)이 나타나는지도 모르겠다. 중요한 것은 이 연간 계획들이 시장의 흐름이나 요구에 부합하고 있는지이다. 앞선 예에서 보듯이 반도체 시장이 수요 감소에 따른 공급 과잉 문제에 직면했을 때 이를 무시하고 회사가 좋아질 것이란 말만 늘어 놓았다면 그것은 그야말로 최악의 가이던스 발표일 수밖에 없었을 것이다. 저자는 이렇게 발표하는 기업들을 많이 봐 왔고, 시장을 무시한 채 동떨어진 자기만의 주입식 IR활동이 주가에 얼마나 위험한 결과를 초래했는지도 많이 목격했다. 잊지 말아야 할 것은 시장은 기업이 자신의 상황을 굳이 얘기하지 않아도 어느 정도 안다는 것이다. 그런데도 근거 없는 낙관론을 얘기한다면 오히려 시장에 부정적인 영향을 미칠 수밖에 없다.

애널리스트나 기관투자자는 기업과의 미팅에서 기업의 목소리를 받아 적어가는 사람들이 아니다. 기업의 얘기를 다 믿을 수는 없으므로, 끊임없는 확인과 함께 주변 데이터를 분석해 논리적이고 냉정한 결단을 내리는 집단이다. 회사가 보지 못하는 면을 볼 수 있으므로 이들이 말하는 것을 절대 간과해서는 안 되며 그 목소리는 경영진에게도 전달되어야 한다. 예를 들어, 시장은 변화를 요구하는데 기업이 고집을 부린다면 그것은 지배구조 문제를 비롯해 포괄적인 리스크 증가로 이어질 수 있다. 특히 지배구조 문제는 많은 IR요소가 가미되어 있으므로, IR담당자가 책임을 피하기도 사실상 어렵다고 봐야 한다.

기업은 왜 어떤 것은 말하고 싶어 하고, 왜 어떤 것은 말하지 않으려고 하는가? 이는 지배구조 문제, 대리인 문제, 명예 이득을 노리는 것일 수도 있지만 결국 그 행위의 지향점은 기업가치 제고에 맞춰져 있기 때문이다. 주식시장은 경영자가 생각하는 것보다 훨씬 정보를 많이 알고 있고, 합리적이며, 객관적이다. 그러한 플랫폼에 기업들이 놓여 있다는 점을 명심한다면, 기업의 독단적인 의사결정은 무리수일 수 있다. 시장의 목소리를 받아들여라. 모든 경영자의 결정에 대한 평가는 주가의 방향성으로 나타난다. 따라서, IR담당자는 이러한 의사결정이 이루어지기 전에 시장의 목소리를 잘 청취하고, 의사결정 별로 나타날 수 있는 주가의 방향성을 경영진에게 보고하는 것이 중요하다.

2. 시장에 눈높이를 맞춰라

■ 주식시장에도 기준점이 있다

나이가 들면 나만의 기준점이란 게 생긴다. 이것은 살아온 경험으로부터 축적된 개인의 기준으로 이것을 바탕으로 어떤 일에 대해서 말하고, 판단한다. 이를 고집하면 소위 말하는 "꼰대"가 된다. 저마다 기준점이 다르고 세대도 다르기 때문이다. 그럼에도 나만의 기준점은 어떤 대상을 평가하기 위해서는 꼭 필요하다. 문제는 이 기준점이라는 것이 상황에 맞게 적절하게 설정되거나 해석할 수 있는가이다. 적정한 기준점이라면 모두에게 꼰대 소리를 듣지 않을 것이고, 경험자로서의 해야 할 역할을 인정받을 수 있을 것이다.

주식시장도 마찬가지로 기준점이란 게 있다. 그것은 통계학에서 말하는 평균에 근거한다. 어떤 기업을 평가하는 데 있어서 수십 명의 애널리스트가 보고서를 발표하면서 지금 주가가 저평가되어 있는지 아니면 고평가되어 있는지를 알려준다. 이것들을 모아 기술 통계학적 관점에서의 수치를 제공해 준다면 좋은 기준점이 될 것이다. 우리는 이것을 컨센서스라고 부른다. 이는 시장의 눈높이이자 요구이다.

'시장 컨센서스'라고 표현하는 이 수치들은 애널리스트들의 보고서에 나와 있는 수치들의 평균을 의미한다. 그러니까 애널리스트들은 저마다의 논리로 이번 1분기 외형과 이익이 얼마일 것으로 추정하여 발표하는데, 이를 모아 평균한 것을 컨센서스라고 부른다. 앞서 말한 대로 이것은 시장의 눈높이로 작용한다. 그래서 기대치보다 발표 실적이 매우 높게 나타나면 '서프라이징(surprising)', 아주 낮으면 '쇼크(shock)'라고 표현한다.

주식시장에서는 기업의 상황을 점검할 수 있는 여러 가지 포인트가 있는데, 대표적인 것이 실적발표이다. 상장기업은 1년에 최소 네 번 실적발표를 한다. 요즘은 실적이 확정되지 않았어도 잠정실적을 발표하는 것이 일반적이다. 보통 삼성전자는 분기가 끝난 다음 주 금요일에 잠정실적을 발표한다. 이렇게 실적발표를 정해진 날에 실시한다는 것은 자신감이기보다는, 투자자가 예측할 수 있게 하고 그들에게 신뢰감을 높일 수 있다는 점에서 매우 바람직한 행위이다. 대부분의 기업도 분기가 지난 다음 달에 잠정실적을 발표하는 것이 일반적이다. 실적발표는 지나간 경영실적의 발자취를 보여준다. 실적발표는 숫자라고 하는 디지털 방식이기 때문에 이에 따른 시장의 평가, 즉, 주가 반응은 대체로 기대치와 대비해 움직이는 경우가 대부분이다. 실적이 나쁘면 주가가 내려가고, 실적이 좋으면 주가는 올라가는 것이 아니라, 기대치를 얼마나 충족했는지에 따라 변동하는 경우가 더 많다.

■ 시장의 눈높이를 관리하라
시장의 눈높이는 높아야 좋은 것일까? IR담당자 중 시장의 눈높이에 대해 오해하는 경우가 많다. 우리 회사의 주가가 10,000원인데, 주식시장의 눈높이가 15,000원이라고 하면 5,000원의 상승 여력이 있기 때문이다. 경영진에게 보고하기도 한결 수월할 것이다. "시장이 우리 회사의 주가가 더 올라야 한다고 봅니다."라는 말은 그말을 하는 사람이나 보고 받는 사람 모두를 즐겁게 할 수 있기 때문이다. 그러나 시장의 눈높이가 낮을 때는 우리 회사가 저평가되어 있다고 오해하는 IR담당자가 많다.

저평가의 의미를 생각해 보자. A기업의 현재 주가는 10,000원이다. 주식시장은 A기업의 올해 매출액을 1조 원으로 추정(컨센서스)하고 있다. 회사 내부적으로도 1조 원 달성을 예상한다. 시장이 올해 당기순이익을 1,000억 원으로 추정하고 있고, 회사 역시 1,000억 원 달성이 무난할 것으로 예상한다. 그렇다면 시장에서 말하는, 이른바 애널리스트가 추정하고 있는 A기업의 적정주가를 15,000원이라고 가정하면, 그수준은 큰 무리가 없을 수 있다. 그런데 애널리스트들은 모르고 있고 A기업 내부적으로는 올해 매출액이 5,000억 원에 불과할 것이고, 순이익도 500억 원에 불과할 것으로 예상한다고 가정해 보자. 애널리스트가 추정 당기순이익을 1,000억 원으로 추정하여 적정주가 15,000원으로 산정하였으므로 실제의 기업가치와 컨센서스와는 많은 차이가 발생한다. 이 경우 기업은 1,000억 원의 순이익을 내지 않는 한 주가 하락은 불가피하다.

따라서, IR담당자는 회사의 목표주가가 높은지 아니면 낮은지 여부가 중요한 게 아니라 기업가치를 산정하고 있는 지표(매출액, 영업이익 등)의 수치가 회사에서 내부적으로 예상하는 수치와 얼마나 차이가 나고 있는지를 중요하게 봐야 한다. 그래서 실적을 발표할 때는 시장의 눈높이와 높지도 낮지도 않은 수준에서 관리하는 게 필요한 것이다. 물론 IR담당자도 실적발표가 임박해서야 발표하는 수치를 알수 있는 경우가 허다하다. 이런 경우의 대부분은 기업 내부의 소통부족에서 비롯된 것일 텐데, 우발적인 손익의 발생 등에서 나타나는 경우이다. 이런 것이야 어쩔 수 없겠지만 그 이외의 것은 전체적인 관리의 측면에서 바라봐야 하는 것이다. 어떤 기업은 잠정실적을 발표할 때마다 컨센서스와 차이가 크게 나기도 한다. 이것은 기업의 재무적인 관리가 부족하기 때문이며, 애널리스트들은 이런 기업을 매우 곱지 않은 눈으로 바라본다.

시장의 눈높이가 상이할 때 나타나는 현상은 무엇인가? 내가 자주 사례를 삼는 S사의 경우이다. 이 회사는 2012년 3분기 실적발표에서 분기실적이 사상 최대치의 영업이익을 달성할 것으로 예상되었다. 그러나 실적발표 이후 주가는 폭락하기 시작해 영업일 기준 일주일 후 주가는 발표 전과 비교해 38% 하락했고, 시가총액 약 5,400억원이 증발해 버렸다.

〈표 4〉 분기실적발표 전후의 S기업 주가 동향

출처: NHHTS

    사상 최대치의 분기 영업이익을 달성했지만, 주가가 폭락한 이 불상사는 바로 시장의 눈높이 관리를 잘못해 나타난 대표적인 사례이다. 시장의 눈높이가 회사에서 달성한 영업이익의 수준보다 훨씬 더 높았기 때문에 이 회사의 실적은 '어닝 서프라이즈'가 아니라 '어닝 쇼크'였던 것이다. IR담당자가 좀 더 시장의 눈높이를 관리했더라면 하는 아쉬움이 남는 대목이다.

    결론은 IR담당자 역량이 매우 중요하다는 것이다. '담당자 역량'이란 내가 몸담은 회사의 기업가치를 어느 정도로 생각하고 있느냐이다. 나는 대부분 IR담당자가 자기 회사의 적정주가를 얼마로 보고 있는지와 이를 머릿속에 담고 있는지 궁금하다. 상장기업 중 목표주가가 제시되고 있는 기업이 전체의 몇 퍼센트를 차지하는지는 조사해 봐야겠지만, 목표주가가 제시되어 있지 않은 기업이 많고, 시장의 눈높이가 매겨져 있지 않은 기업도 많다. 이는 주식시장에 애널리스트가 부족하고, 이들이 해야 할 일이 많다는 것을 의미한다. 물론 이러한 기업과 투자자들의 갈증을 해소하기 위해 한국IR협의회는 기업리서치센터를 만들어 운영하고 있기도 하다. 어쨌거나 IR담당자에게 자신의 기업가치인 주가가 어느 정도인지를 주관적이나마 파악하는 것은 의무에 가깝다고 할 수 있다. 2023년 4월에 발생한 이른바 SG증권 발 일부 기업의 주가 폭락 사태를 되짚어 보자. 여기에는 8개사 정도가 연루된 것으로 거론된다. 이 사태가 발생한 2023년 4월 24일~27일, 이들 기업의 주가는 41.7%~75.91% 하락했다.[1] 기업들의 공통점은 유통 주식 수가 적었고, 일별 거래량이 많지 않았으며, 대부분 기업보고서가 거의 없었다는 점 등이었다. 즉, 이들의 기업가치가 얼마인지 시장에 잘 알려지지 않았다. 직관적으로 보자면, 이들 기업의 IR담당자는 자신이 다니는 기업이 일 년 사이 특별한 이유 없이 주가가 두 배 이상으로 상승한 데다 그 추세를 유지하고 있었던 이 움직임에 대해서 주시하고 있었을 것이다. 주가는 오르기만 하면

---

1 자료 : 한국거래소, 대상기업: 대성홀딩스, 서울가스, 세방, 하림지주, 선광, 삼천리, 다우데이타, 다올투자증권

좋은가? 절대 그렇지 않다. 기업의 내재 가치를 벗어나 계속 오르고 있다는 것은 언젠가 폭락할 수 있는 시한폭탄이 될 수도 있다는 것이다. 여기에는 조지 소로스가 말하는 재귀성 이론(reflexity theory)이 해당하지 않는다. 따라서, 담당자들은 주가의 이러한 움직임에 대해 매일 주시하며 살펴봤을 것이다. 물론, 실무적인 어려움은 분명히 있다. "대표님, 주가가 이상하게 계속 올라갑니다."라고 보고하려면 여러 가지 사전 조사가 필요한 데다, 사실 이것을 보고하기가 쉽지는 않았을 것이다. 보고하더라도 "그래서 뭐 어쩌라고? 그게 나쁜 건가?"라는 말이 나오면 거기에 대응하기 위한 말도 실무자로서는 마땅치 않을 것이다. 그런데도, IR담당자의 역할 중 가장 큰 기능의 하나가 시장을 모니터링하는 것이므로, 주가 움직임을 항상 고민하고 분석해야 하는 의무도 있는 것이다.

결론적으로, 시장의 눈높이는 적당한 수준으로 관리할 필요가 있다. 컨센서스가 너무 높지도, 너무 낮지도 않게 관리해야 한다는 것이다. 이는 IR활동을 통해 가능하다. 시장의 눈높이가 너무 높다면, 서서히 소통을 통해 시장에 충격을 주지 않으면서 기대치를 낮춰 놓을 필요가 있다. 반대로 눈높이가 너무 낮다면, 좀 더 적극적인 IR활동이 필요하다. 공장도 보여주고, 경영진 미팅도 사업 단위 별로 진행하면서 대표이사의 IR활동도 강화해 가는 것이 필요하다. 이러한 IR활동으로 시장은 기업을 좀 더 명확하게 바라보게 될 것이며, 궁극적으로는 적정한 기업가치로 수렴하게 할 것이다.

3. 시장이 말하는 적정주가를 잘 해석해라

■ 적정주가와 투자의견

"김 팀장. 우리 회사의 적정주가가 얼마지?"

"네. 사장님, 5만 원입니다"

"지금 우리회사 주가는 얼마야?"

"네. 지금 3만 원입니다."

"……"

"많이 싸기 때문에 적극적으로 IR활동을 해서 주가 상승에 기여하겠습니다."

"그래? 이상하네. 난 지금이 적정주가라고 보는데……"

'헉, 내가 뭘 잘못 말했나?'

이런 식의 대화는 IR담당자라면 누구나 한번은 해봤을 것이다. 이 대화는 맞는 것인가? 결론부터 말한다면 틀렸다. 왜냐하면, 대화를 통해 서로 지향하는 바가 드러나지 않았기 때문이다. 김 팀장의 입장에서 이렇게 다시 한번 얘기해 보자.

"네. 사장님. 시장이 보는 적정주가는 5만 원입니다. 주가가 5만 원이 되려면 우리회사의 올해 순이익이 5백억 원이 되어야 합니다. 그런데 연초에 경영 계획상 우리회사 목표는 3백억 원이었습니다. 주식시장이 보는 것과 2백억 원의 차이가 있습니다. 그래서 계획한 대로 3백억 원을 순이익으로 낸다면, 논리상 적정주가는 3만 원이 될 것 같습니다."

김 팀장의 답변에 대표이사는 '그렇다면 순이익을 올릴 방법은 뭐가 있을까?'라고 생각했을 것이다. 아니면 지금 주가에서 더 올라가기는 어렵겠다고 생각했을 수 있다. 이 대화에서 김 팀장은 회사가 어떤 방향으로 나가야 하는지에 대해 보고했다. 즉, 기업가치 제고를 위해서 경영진에 어떤 방향성을 가지고 의사결정을 해야 하는지에 대해 시장의 목소리를 전달한 것이다.

주식시장에서 말하는 컨센서스라는 것은 개별 증권사 애널리스트가 추정한 적정주가 또는 목표주가의 산술평균값인데, 이것을 적정기업가치로 보는 경우가 허다하다. 그러나, IR담당자라면 적정주가가 얼마라고 말할 것이 아니라, 그 가격이 되기 위해서는 매출액, 영업이익, 순이익은 얼마가 되어 있어야 한다고 말해야 한다. 이 같은 해석 논리가 익숙하지 않은 IR담당자는 앞선 예에서 보듯이 큰 실수를 저지를 수 있다.

그럼 이제 적정주가와 투자의견에 대해서 좀 더 얘기해 보자. 주식시장에서 애널리스트가 작성한 기업분석 보고서에는 보통 투자 의견을 '매수(BUY)', '중립 또는 보유(HOLD)', '매도'로 발표한다. 간혹

'Not rated'란 보고서가 있는데, 기업가치를 적절하게 산정하지 못했다는 것을 의미하거나 기업가치와 관계없이 간단한 탐방보고서를 발표하는 것을 말한다. 일반적으로 매도(SELL) 보고서를 내는 것은 쉽지 않다. 논리적으로 매도한다는 것이 맞는다고 하더라도 애널리스트와 기업 간 관계가 있기 때문이다. 또한, 모두에게 사라고 얘기하는 것은 마음이 편하겠지만 팔라고 하는 것은 쉽지 않다. 해당 주식을 보유하고 있는 사람이 있기 때문이다. 매도(SELL) 보고서를 내게 되면 기업과의 관계가 불편해질 가능성도 있다. 기업이 보고서의 잘못을 토시 하나하나 지적하면서 애널리스트를 공격할 수도 있다. 이렇듯 매도(SELL) 보고서는 서로에게 부담이 되는 게 사실이다. 그래서 보유(HOLD) 보고서를 내는 게 서로에게 편리하다. 서로가 적당한 선에서 이해할 수 있기 때문이다. 보고서를 읽는 투자자라면 "아, 이건 팔라는 얘기네.", "당분간 주가가 오르기 어려우니 지금 팔고 다시 때를 기다려 봐야겠네."라고 의사결정을 할 수 있다.

■ 적정주가에 담겨 있는 것

그렇다면 적정주가는 어떻게 산정하는 것일까? 조금 복잡한 얘기일 수 있지만 의외로 단순한 얘기이기도 하다. 기업의 가치 즉, 적정주가는 크게 두 가지로 평가할 수 있는데, 절대적 평가와 상대적 평가가 그것이다. 여기서는 그 의미만 잠깐 살펴보고 가자. 나는 오랫동안 애널리스트로 활동했다. 그 일을 하면서 가장 컸던 고민은 기업의 성장성과 수익성, 이 두 가지 요소가 지속해서 커질 수 있는지였다. 성장성이란 자산규모를 비롯한 외형과 이익의 성장을 말하고, 수익성이란 영업이익과 순이익의 비중이 대표적이다. 사실, 이 요인들이 진실된 의미의 질을 가졌는지도 중요한 평가요소라 할 수 있다.

먼저, 절대적 평가 방식을 생각해 보자. 여기에는 대표적으로 DCF(Discount Cash Flow Model), RIM(Residual Income Model), EVA(Economic Value Added Model) 모델이 있다. 이 중 DCF모델을 예로 들어 살펴보자. A기업의 매출액을 향후 5~10년간 예측해 보고, 그 이후에는 적정한 성장률(흔히 말하는 영구성장률)로 성장한다고 가정해 보자. 이 때 해마다 벌어들이는 이익과 소요되는 비용이 있을 것이고, 이를 통해 미래 현금흐름을 계산할 수 있다. 이것들에 적절한 할인율을 적용해 현재가치로 끌어들인다면 현시점에서의 적정한 기업가치를 계산할 수 있다. 너무나 개략적이고 성급한 정리이지만, 이것을 흔히 현금할인율법(Discount Cash flow Method)이라 말할 수 있을 것이다. 여기에는 영구성장률, 부채비율, 가중평균자본비용(WACC: Weighted Average Cost of Capital) 등이 중요한 요소로 작용한다. 그러나, 이 방법은 평가자의 주관이 개입할 여지가 많다는 점에서 한계가 있다. 그래서 결국은 '옆에 있는 사람보다 내가 더 낫다'라는 상대가치 평가방법을 사용하는 것이 편리하고 이해하기 쉬울 것이다. 상대가치 평가방법에는 매출액, 영업이익, 순이익 등의 손익계산서 지표와 총자산과 같은 재무상태표 지표 등을 이용한 다양한 방법이 제시된다. 가장 많이 사용하는 방법은 PER(Price Earnings Ratio) 지표로, 이를 많이 쓰는 이유는 이익을 중요한 지표로 보기 때문이다. 주주 입장에서는 주가 상승이 가장 중요하지만 배당도 중요하므로, 내게 돌아올 배당의 바로미터가 될 수 있는 이익에 관심이 많은 것이다.

PER은 주가를 주당순이익(EPS: Earning Per Share)로 나눠 계산한다. 이에 대해 한번 생각해 볼 점은 PER이 높아야 되는지, 낮아야 되는지 여부이다. 어느 회사의 CEO가 자신의 성과지표에 PER을 넣었다고 생각해 보자. PER이 높아야 좋다고 하면, 회사는 주가가 일정하다는 전제 하에 EPS를 낮추려고 할 것이다. 즉, 이익을 감소시켜 PER을 높이려고 할 것이란 얘기다. 반대로 PER이 낮아야 좋다고 하면 주가 상승이 반갑지 않을 것이다. 주가가 낮아야 PER이 낮아지기 때문이다. 이 같은 관점에서 상대가치 지표가 성과지표로서 좋은 것인지는 생각해 볼 점이 많아진다. 단지, 주가가 높아야 한다는 것과는 좀 다른 얘기이다. 지난해 말 주가가 5만 원이었는데, 올해 목표가 +10%라고 한다면 CEO는 성과를 위해서라도 주가 상승을 위해 많은 노력을 기울일 것이다. 물론 여기에는 감자 등의 행위는 해당하지 않는다. 그래서 주가를 올리기 위해서는 많은 요소의 좋은 성과가 나타나야 하므로 이것은 정당한 성과지표가 될 수 있을 것이다.

그러나, 금융위기가 닥치거나 IMF 외환위기와 같은 거시변수에 문제가 생긴다면 이것은 지표로서 의미를 잃게 된다. 즉, 외부 변수에 노출될 경우 한계점이 드러난다는 말이다.

PER이 10배란 의미는 벌어들이는 EPS 대비 현재 주가가 10배 수준이란 말이다. 그러니 이 10배란 의미를 가지고만 저평가 또는 고평가를 논할 수는 없다. 비교 가능한 상대적인 무엇인가가 필요하다. 이럴 때 주로 비교대상으로 주요하게 쓰는 것이 보통 업종 전체의 PER, 우리나라 상장기업들의 PER, 제조업 PER, 경쟁사 몇몇 기업들의 평균 PER 등이다. 그래서 앞선 예에서 A기업의 PER이 10배이고, 산업 평균 PER이 15배이며, 이 A기업의 성장성, 수익성 등이 산업 내 기업들보다 높다고 한다면, 이 기업의 현재 주가는 저평가되었다고 말하는 것이다. 적어도 산업 평균 PER 15배 정도를 A기업이 부여받을 수 있다고 한다면, 이 기업의 주가는 50%의 상승 여력이 있다는 말이다.

이렇게 평가된 적정주가는 언제까지 도달해야 하는 것일까? 보통 EPS, BPS 분석에 사용한 해당연도 내 기간을 의미하며, 통상적으로 3~6개월 내 도달할 수 있는 주가를 말한다. 적정주가가 어떻게 형성되고 어떤 의미인지를 파악했다면 그 수치에서 말하고 있는 것을 잘 해석해서 대내외적인 IR활동에 활용하면 된다.

4. IR은 시장을 모니터링하는 것이다

■ 시장 모니터링의 이유

IR의 4대 기능은 크게 ① 주가 변동성 관리, ② 공시업무, ③ 이사회 등 회의체 관리, ④ ESG, M&A 등 기타 업무로 구분할 수 있다. 이 기능을 수행하기 위해 다양한 활동이 이루어지는데, 그 중 시장 모니터링은 주가 변동성 관리와 직결되는 활동으로, 기업 내부적으로 인사이트(Insight)를 제공해 준다는 측면에서 매우 중요한 요인 중 하나이다.

시장 모니터링은 어떻게 이루어질까? 우선 여기에는 금융시장, 경제동향 등을 파악하는 것이 포함된다. 그렇다면 내가 다니는 기업이 속한 주식시장을 비롯해 금융시장, 그리고 경제 동향을 주시하면서 이것이 기업에 미칠 영향성을 분석하고 직관적이고도 냉정하게 보고해 주는 부서는 어디일까? 사실 이런 부서는 회사 내에 거의 없다. IR부서는 실적 성장을 위해 달려가는 구성원들 사이에서 생산적이지도 않은 약간 벗어난 업무를 하는 부서같이 보이기도 할 것이다. 따라서, IR부서는 경영진이 가치를 부여하고 직접 챙기는 부서가 되어야 한다. IR부서가 경제 동향과 금융시장을 분석하는 것은 주가에 큰 영향을 줄 수 있는 변수를 감시하는 것이며, 나아가서는 기업의 향후 미래를 예측하는데 도움을 줄 수 있기 때문이다.

또한, 시장 이해관계자에 대한 동향을 파악하고, 우호적인 관계를 맺는 것이 중요하다. 여기서 말하는 시장 이해관계자에는 주식과 채권의 펀드매니저, 애널리스트, ESG(Environmental, Social, Governance) 업무에 관련된 사람 등을 포함한다. 이들 중 애널리스트나 펀드매니저를 만날 때 아주 쉽게 실수하는 것이 있는데, 그것은 이들의 말을 귀담아듣지 않는 것이다. 대부분의 미팅이 질문에 답변하는 것처럼 보이지만 결국 내가 하고 싶은 말을 하고 있을 때가 많다. 애널리스트나 펀드매니저는 내가 속한 기업의 주식을 평가하고 사고 팔 수 있는 권한을 가진 집단이다. 이들은 우리 자신보다 더 회사를 객관적이고 직관적으로 바라보고 있을 수 있다. 따라서, 이들의 말을 더 많이 경청하는 것이 필요하다.

만약 우리가 만나는 모든 시장 관계자가 우리 회사의 유상증자, 자사주 매입 등을 권유하고 있다고 가정하자. 그렇다면 그것은 맞는 말이다. 회사의 내부사정을 모르고 하는 얘기가 아니란 말이다. 이러한 요구에 기업이 반응하지 않는다면, 결국 기업가치 제고라는 측면에서는 부정적인 방향으로 흘러 갈 수밖에 없다. 이들과 우호적인 관계를 가져야 하는 것은 당연하지만 더 중요한 것은 이들이 요구하고 있는 것을 간과하지 말고, 경영진에게 잘 전달하는 것이다. 어찌 보면, 시장은 기업에 대해서 내가 아는 것보다 더 많은 정보를 알고 있어 더 객관적인 방향성을 요구할는지 모른다. 그렇기 때문에 이를 회사 내부에 정확하게 전달하는 것은 IR담당자의 중요한 역할이다.

■ 시장의 변화, 달라지는 IR

예전에는 생각하지도 않았던 ESG 영역이 IR분야로 들어오고 있다. 그러다 보니 이에 대한 시선도 여러가지 이다. 박사 논문을 준비할 때 뵌 교수님 한 분은 논문에 ESG에 관한 내용을 넣는 것에 대해서 부정적인 말씀을 하신 적이 있다. 그분은 존경받는 분이셨고, 관련 분야에서 정평 있는 분이셨다. 그 분이 보기에 객관적으로 평가하기엔 도구가 아직 정비되지 않은 비재무적 요인이 기업가치에 영향을 준다는 쪽의 연구를 하고 있으니 불편하셨던 것 같다. 기업 안에서도 마찬가지다. 회계부서는 여전히 ESG 관련 업무에 대해 부정적이다. 숫자가 딱딱 맞아 떨어져야 기분이 좋아지는 부서가 보기에는 비재무적 요인이 여간 불편한 게 아닐 것이다. 그럼에도 중요한 것은 기존의 주주 자본주의(Shareholders Capitalism) 논리보다 이해관계자를 중요시하는 이해관계자 자본주의(Stakeholders Capitalism)의 영역이 넓어지고 있다는 점이다.

과거 기업은 홍보 중심으로 전략을 세우면서 기업의 사회적 책임, 즉 CSR(Corporation Social Responsibility)을 강조해 왔다. 이것은 다분히 기업 중심적 활동이다. 그에 반해 ESG는 투자자 관점의 경영 체계이며 활동이다. 즉, 투자자가 ESG경영의 채택 여부를 투자 지표의 하나로 생각한다는 것이다. 그렇기 때문에 IR활동에서 이해관계자를 고려한 ESG지표는 중요한 관리지표 중 하나가 될 것이다. 개인적으로는 ESG 활동이 계속 성장하고 있다는 점에서 기업은 IR과 ESG

를 위한 독립된 부서를 만들어 활동해 나가는 게 좋다는 생각이다. 지배구조 분야가 IR과 ESG의 교집합적 영역이란 점에서 같은 조직 내 있는 것도 어떤지 제안해 본다.

시장을 모니터링 했고, 여기서 얻은 중요한 인사이트를 기업 내부에 제공했다고 가정하자. 그렇다면 기업은 시장의 어떤 요구에 대해 반응해야 한다. 이때, 기업의 반응을 시장에 전달하는 것이 중요하다. 삼성전자는 2023년도 1분기 실적발표에서 시장에서 줄곧 요구하던 '인위적인 감산'을 수용하겠다고 발표함으로써 최악의 실적에 다른 주가 폭락을 오히려 시장의 환호와 갈채를 받으며, 주가 상승으로 마무리했다. 시장의 요구를 IR 측면에서 잘 활용한다는 것은 주가의 반전으로 이어지게 한다는 좋은 예라 하겠다.

5. 시장의 '눈'을 관리하라

■ 주주의 눈

시장은 늘 기업을 관찰하며, 기업은 언제나 시장을 바라봐야 한다. 시장은 투자의 관점에서 기업을 관찰하지만, 기업은 필요할 때만 시장을 바라볼 때가 많다. 예를 들면, 기업이 주가를 부양해야 하거나 자금을 조달할 때면 시장 움직임에 매우 민감하게 반응하지만, 사업이 잘되거나 주가도 오르면 시장을 무시할 때가 많다. 그러나, 기업은 언제나 바라보고 있는 시장의 '눈'을 잊어서는 안 된다.

첫 번째, 주주이자 투자자의 눈이다. 기업의 궁극적인 목표는 '주주의 부 극대화'이다. 기업의 가치 제고는 주가 상승으로 이어지므로 주주는 기업 경영진이 기업 목표에 맞게 활동하고 있는지 감시한다. 경영진은 자기 수명을 연장하고자 참호를 구축하든지, 불필요한 현금을 많이 보유하거나 과소/과대투자를 하고, 이익을 조정하여 자신들에게 유리하게 기업을 포장할 수 있다. 이 같은 대리인 비용의 증가는 기업가치를 높이는 것과는 동떨어진 행동으로 이어지기 때문이다. 주주 자본주의(Stakeholder Capitalism) 논리로 볼 때, 주주는 주가가 상승해서 얻는 차익이득, 배당이득, 그리고 좋은 기업의 주주라는 명예이득은 주주가 갖는 부의 목록들이다. 주주는 기업의 주인이자 시장의 눈이다. 2022년 말을 기준으로 외국인 투자자가 국내 기업의 주식 30%(KOSPI, 2022년 말 기준, 한국거래소)를 보유하고 있다는 점과 우리나라 주식시장이 선진화된 면모를 갖추면서 기관투자자가 주도하는 기관화 장세를 나타내고 있다는 점은 이와 같은 표현을 뒷받침해 준다. 주주나 투자자는 우리 회사를 어떤 앵글(Angle)로 바라보고 있으며 요구하고 있을까? 일례로, 기업들이 앞다투어 ESG경영 환경을 구축하려는 것도 투자자의 요구를 반영하는 하나의 예이다.

그렇다면 주주가 좋아하는 것은 무엇일까? 당연히 기업이 정당하게 안정적으로 성장하고, 이익도 많이 내는 것이다. 그래야 주가도 올라가고, 배당도 많이 받고, 그리고 투자한 것에 대한 자부심이 생기기 때문이다. 명예 측면에서는 백 원짜리 주식 만 주를 가지고 있는 것보다 블루칩의 주식 한 주를 가지고 있는 게 훨씬 낫다. 중요한 것은 투자자를 늘 안심시켜야 한다는 점이다. 이를 위해서는 투자자와 끊임없는 소통이 필요하다. 그것이 홍보를 통해서든 아니면 IR활동을 통해서든 기업이 자주 등장하는 좋은 소식은 주주에게 안도감을 가져다줄 것이다. 그런 점에서 주주를 다양하게 세분화하는 전략적인 IR활동은 매우 바람직하다. 그러나 불행히도 IR담당자들은 십만 주를 보유한 기관투자자는 문턱이 닳도록 들락날락하지만, 십만 주를 보유한 개인투자자를 잘 만나질 않는다. 기업은 개인투자자라고 무시하면 안 된다. 이들에게도 꾸준한 IR활동으로 정보가 편중되지 않도록 제공해야 한다. 경험상 소통을 많이 한 투자자는 기업의 장래가 아무리 불투명해져도 응원하며 기다릴 수 있는 인내심이 있다.

■ 애널리스트의 눈

두 번째는 애널리스트이다. 이들은 기업 가치를 평가하는 집단이면서도 어떤 때는 기업을 대변하는 앵커가 되기도 하며, 기업에게 호통을 치는 선생님이 되기도 한다. 생각해 보면 기업에게 무조건 우호적인 애널리스트들은 없다. 서로 다른 시각에서 기업을 바라보고 가치를 평가하기 때문에 비슷한 것 같지만 서로 다른 특성이 있다. 예를 들어 기업을 십 년 넘도록 바라본 애널리스트도 있지만, 이제 처음 맡아서 분석을 시작한 사람도 있을 것이다. 이들에게 기업이 원하는 수준의 눈높이를 갖도록 하려면 차별화된 IR서비스 제공은 불가피하다. 이제 시작한 애널리스트에게는 회사를 더 잘 알 수 있도록 공장도 보여 줘야 하고, 가능하다면 물건도 써 보게 해야 한다. 그렇게 빠른 시간에 우리 회사에 가급적 우호적인 시각을 가질 수 있도록 하는 전략이 필요하다. 우리를 오랫동안 바라본 애널리스트와는 기업의 미래에 대해 좀 더 진지한 논의를 할 수 있을 것이다.

그렇다면 이들은 무엇을 좋아할까? 나를 가르치신 스승님께서는 늘 내가 잘되길 바라셨다. 내가 스승님께 맛있는 음식을 대접하더라도 그분에게 큰 의미가 있는 건 아니었을 것이다. 오히려 늘 건강한 마음과 지성을 가지고 성장하는 모습을 보여 드리는 것에 더 흡족해하셨을 것이다. 마찬가지로 애널리스트에게 열심히 음식을 대접하고 눈을 즐겁게 해 주는 것은 능사가 아니다. 이들에게는 데이터가 필요하다. 기업을 분석하고, 가치를 제대로 평가할 수 있는 공정한 데이터가 필요하다. 단, IR담당자가 애널리스트에게 데이터를 제공할 때는 정보의 공정한 분배에 위배되지 않도록 매우 주의해야 한다. 사실 우리는 원하는 정보를 제공받을 수 있는 공개적인 자료가 많이 있다. 그들이 기업에 좋은 글을 쓸 수 있도록 충분한 데이터를 제공하는 것이 서로 상생할 수 있다는 걸 명심해야 한다.

■ 개인투자자 집단의 눈

마지막으로는, 개인투자자 집단이다. 개인들이 한 목소리를 내기 어렵다는 것은 어쩌면 옛말일 수도 있겠다. 코로나19가 본격적으로 시작된 2020년 이전 우리나라 고객예탁금은 20조 원 수준에 불과했지만 2022년 70조 원대까지 증가했으며, '동학개미', '서학개미'란 용어가 등장했다. 이들은 이슈가 되는 특정 종목군을 매매했으며, 상대적으로 높은 수수료와 환율 위험에도 불구하고 해외 주식으로 투자 범위를 넓혀 왔다. 주식시장이 기울어진 운동장이란 볼멘소리도 아우성에 그치지 않아, 이제는 제한적인 공매도 투자도 할 수 있게 되었다. 주주를 우선해야 한다는 점에서 이제 개인투자자 눈높이에 맞는 IR활동은 필수적인 것이 되었다. 온라인과 오프라인 등 다양한 방법을 통해 개인투자자를 만나 목소리를 청취하고 적절한 IR활동을 할 필요가 있다. 장기 투자하고 있는 개인들의 명단은 주주명부를 분석하면 얼마든지 파악할 수 있다. 이들에게도 정기적인 기업 경영 활동과 비전을 공유한다면 기업은 좀 더 세련된 모습으로 가치를 높일 수 있지 않을까 생각한다.

6. 시장의 요구는 언제나 정당하므로 이에 반응해야 한다

■ 고개의 법칙

시장의 요구는 곧 투자자, 주주 모두의 요구이다. 기업이 시장의 요구에 이른 시일 내 반응하지 않는다면 시장의 불안감이 증폭되어 결국 주가의 변동성을 높일 것이다. 주가의 변동성을 높이는 것은 주가가 불안해진다는 의미이므로 주가 하락의 변곡점을 제공해 주는 요인으로 작용하는 경우가 많다. 이런 반응에 대처하기 위해서는 시장이 이해하기 쉬운 전략을 사용하는 것이 좋다. '우리가 앞으로 어떻게 변화할 것입니다'란 내용을 스토리텔링(Story Telling)으로 풀어나가는 것은 하나의 예이다. 스토리텔링에 대한 시장의 반응은 크게 세 가지로 나타날 수 있다. 나는 이것을 '고개의 법칙'이라고 표현하고자 한다. '고개의 법칙'에는 시장이 보이는 세 가지 형태의 반응을 의미한다. 스토리텔링에 적용되는 '고개의 법칙'은 '끄덕', '갸우뚱', '절레절레'의 법칙이다. 이 세 가지 법칙의 반응은 결국 주가 흐름으로 나타난다. 결론부터 말하자면 시장이 '끄덕'일 수 있는 것을 하라는 말이다. 시장이 '갸우뚱'한다면, 거기에는 많은 설득과 함께 자신감에 대한 증거들이 필요하다. 그런데 시장이 '절레절레' 흔든다면 그것은 하지 말아야 한다. 왜냐하면 시장은 '늘 옳기 때문이다'. 비록 시장을 이길 수는 없지만 시장을 설득해서 기다리게 할 수는 있을 것이다.

'끄덕의 법칙'부터 생각해 보자. 앞서 말한 대로 시장의 요구를 받아들이는 것이다. 기업 성장을 위한 M&A를 시행하든지, 재무구조를 개선하기 위해 증자 또는 감자 등의 행위가 포함된다. IR활동 측면에서는 자사주를 매입하거나 배당의 요구를 받아들이는 것이 해당된다. 이런 활동은 주가에 긍정적인 결과로 나타날 가능성이 높다. 여기서 중요한 것은 이런 경영 의사결정을 홍보 차원으로만 쓰지 말고 IR활동 관점에서 활용하라는 것이다. 대표 사례가 앞서 언급한 삼성전자의 '인위적인 감산 실시' 결정을 분기 잠정실적발표에 활용한 것이다. 둘째로는, '갸우뚱의 법칙'이다. 여기에는 '설득과 자신감'이 필요하다. 시장은 늘 옳지만, 기업 경영활동에 대해 다소 의아하게 반응할 수 있다. 이럴 때는 기업이 펼친 행동에 대해 시장을 안심시키는 것은 물론 기업의 의도대로 이끌어 갈 수 있도록 산업에 대한 통찰력이나 자신감을 보여 주는 것이 필요하다. 기업의 장래에 대한 비전을 시장과 공유하고, 재무상 변화 과정을 설득해야 한다. 어찌 보면, 오너만이 할 수 있는 결단력일 수 있다. 그러다 보니 이것은 변곡점에 서 있는 기업에 있어 '성패를 좌우'할 수 있는 요인이 된다. 마지막으로는, '절레절레'의 법칙이다. 이것은 기업의 행동이나 행동 전에 있을 뉴스에 대한 시장의 반응이 매우 나쁜 것을 의미한다. 즉, 하지 말라는 것이다. 시장은 냉정하게 평가하기 때문에, 기업이 하는 행동으로는 현재 상황을 뒤집기는 어렵다고 본다는 것을 말한다. 만약 이런 상황이 되면 시장은 주가 하락으로 즉각 반응한다. 기업 경영진은 자신들의 결정이 옳다고 맹신하지 말고, 시장의 목소리에 귀를 기울여야 하며, 대안을 강구해야 한다. 주가는 왜 하락하는가? 기업의 실행에 따른 기업가치의 감소분이 미리 반영되는 것이다. 그렇다면 기업은 왜 이 같은 결정을 내리려고 할까? 첫째는 오판하기 때문이다. 결국 자기 결정이 맞을 것이란 오판이다. 둘째는 시장이 알지 못하는 후속 시나리오가 숨어있기 때문일 수 있다. 마지막으로는 시장을 이길 수 있다는 오만함이다.

■ 주주는 장기적인 손님

IR활동은 좋은 것만 말하는 것이 아니다. 암울한 기업의 현실을 어떻게 극복할 것인지에 대한 스토리텔링도 잘 준비해야 한다. 극복의 스토리텔링을 통한 IR활동은 기업이 지금 무리한 행동을 하고 있는지, 시장의 요구를 잘 반영하고 있는지에 대한 반응이 주가의 변화로 나타난다. 주주를 단기적인 손님으로 생각해서는 안 된다. 장기적인 성과를 공유할 동반자로 인식해야 한다. 주주나 투자자는 본인들의 자산을 투입해 자본이득, 배당이득, 그리고 명예이득을 얻으려는 것이기 때문에 신중하게 투자에 임하고 있다는 사실을 잊지 말아야 한다.

7. 'with'의 활동

■ IR활동은 경영활동

선진화된 기업에서의 IR활동은 더 이상 'through'가 아니라 'with'의 활동이 되어야 한다. 과거 경영자들이 바라본 IR활동은 하나의 도구였다. IR을 통해 주가를 관리하고, 시장의 반응을 확인하고, 필요한 사람들을 만나려고 했다는 얘기다. 도구였기 때문에 그 실행의 실패나 책임은 IR부서에게 돌아가야 한다는 인식이 높았다. 어찌 보면 잘 해야 본전인 업무이다. IR담당자들이 늘 하는 얘기가 있다. 주가가 올라가면 실적이 좋아서 그런 것이고, 주가가 떨어지면 IR활동을 못해서 그렇다는 핀잔을 듣는다는 것이다. IR활동을 통해 주가를 관리한다는 것은 경영자가 주가 하락의 책임을 전가하려는 논리 중 하나일 수도 있지만, 따지고 보면 사실 경영진이나 구성원들이 IR활동을 잘 이해하지 못하는 무지에서 비롯된다. IR활동을 통해서는 주가를 관리할 수 없다. 주가는 과거를 반영한 현실과 미래를 투영한 현실 속에서 결정되기 때문이다. 그래서 주가는 기업의 모든 활동과 기대치를 반영한 총아라고 할 수 있다. 그것을 한 부서에서만 책임지고 있다는 것은 논리적일 수 없다. 기업의 IR활동은 경영진이 직접 챙기고, 함께 하는 경영활동으로 이해해야 한다. 경영진이 IR부서를 통해서 무언가를 얻으려 한다면, 그것을 위해 최대한 노력하는 일은 당연하지만,

거기까지만 해서는 안 된다. 즉, IR활동이 경영진의 도구에서 그쳐서는 안 된다는 것이다.

■ Through가 아닌 with

기업이 상장하고 나면 주식시장에 있는 다양한 사람을 만날 수 있는 채널이 생긴다. 상장의 가장 큰 목적 중 하나가 기업의 원활한 자금조달이기 때문에 이에 필요한 다양한 네트워크가 생기는 것이다. 처음 상장했을 때는 아는 사람도 많지 않고, 시장의 룰도 잘 알지 못할 것이다. 그래서 기업은 IR부서를 통해 인적 네트워크를 확보하기도 하고, 시장의 룰도 배우게 된다.

임금님 밥상 차리는 상궁 역할을 IR부서가 했다면, 이제는 그 밥상머리에 함께 앉아 밥맛에 대해서 이야기해야 한다는 것이 'with'의 논리이다. 그렇게 된다면 그 밥상은 더욱 화려하고도 기대에 부응한 것이 될 것이다. 여전히 많은 사람에게 이 이야기는 불편하게 들릴 수 있으리라. IR활동이 선진화되면 IR부서의 책임자는 IRO 또는 CFO가 맡는다. 이 부서의 구성원들은 회사의 영업활동, 재무활동 등에 대해서 해박할 것이며, 주식시장을 비롯한 금융시장 움직임에도 민감하게 반응할 줄 알아야 한다. 그만한 지식이 있어야 한다는 말이다. 과거에는 IR부서가 인적 네트워크만 중요한 것으로 생각했다. 내가 회사를 잘 몰라도 성격 좋고 활동적이며 음주가무에도 능하면 누구를 만나더라도 친해질 수 있어 IR활동 적임자라고 생각하던 때가 있었다. 그러나 지금은 그런 시대가 아니다. 합리적이고 논리적이며 회사에 대해 냉철하게 접근하는 기관투자자들을 만나야 하는 부서인 만큼 미팅과 설득의 노하우나 상당한 지적 수준을 요구한다.

　　예전에 기업 탐방을 갔을 때의 일이다. 그 기업의 IR담당자는 면담 시간 내내 질문을 하면 '나중에 확인하고 연락 드리겠습니다.'고 답했다. 본인이 준비한 몇 가지 정보를 전달하는 것 말고는 아무것도 모른다는 인상을 피할 수가 없었다. '왜 내가 이 사람과 얘기하고 있지?'라는 의문이 들 정도였다. 이는 자질을 논하기에 앞서서 인력배치가 잘못된 것이다. IR담당자는 회사의 과거부터 미래까지를 얘기하는데 전혀 어색해서는 안 된다. 그래서 중간관리자급에서 이 일을 진행해 나가야 한다. 이들은 회사 어느 부서의 관리자나 임원과도 머리를 맞대고 앉아 회사의 미래와 정책에 관해 이야기할 수 있는 충분한 자격을 갖춘 사람이어야 한다. 기업의 내비게이션 역할을 하고 있는 시장이 요구하는 것, '회사가 살아남아 지속적으로 성장하기 위해서는 이런 목소리에 응답해야 합니다.'라고 말하는 시장의 목소리를 이해할 수 있어야 한다.

■ 홍보와 IR활동은 다르다

아직도 홍보와 IR활동을 혼돈하는 경영진이 많다. 홍보는 경영진이 언론에 노출되기 쉽고, 발언 내용도 홍보에서는 많은 가이드라인을 제공해 준다. 그러다 보니 경영진이 홍보부서와 함께 움직이는 경우를 흔히 볼 수 있다. 여전히 IR부서와 함께 하는 경영활동은 대기업 일부를 제외하고는 찾아보기 힘들다. 기업 내에서 IR부서가 잘 인정받아 경영진과 늘 회사의 미래를 고민하고, 시장의 목소리를 잘 전달하는 능력 있는 담당자들이 되길 바란다.

8. 주식시장을 기울어진 운동장으로 만들지 마라: 공정공시의 활용

■ 공정공시, 기업과 IR담당자를 위한 안전장치

필자는 IR활동을 하는 담당자를 위해 오랫동안 연구하고 강의하면서, 주식시장 내에 만들어진 제도 중 기업과 IR담당자를 안전하게 만들어 주는 장치가 공시(Disclosure)라는 제도라고 주저없이 말한다. 물론 공시는 투자자를 위한 것이지만 기업을 보호하기도 하는 제도임을 잊지 말아야 한다. 특히, 공정공시(Fair Disclosure)는 장차 다가올 미래에 대한 이야기에 해당된다는 점에서 투자자들이나 IR활동을 하는 당사자들에게 있어서 매우 중요한 제도이다.

우리는 우선 왜 공정공시가 유용한 지 이해할 필요가 있다. 공시는 기업가치에 영향을 줄 만한 정보가 모든 투자자에게 공정한 시점에 제공되어야 한다는 것에 기반을 둔다. 잘 알다시피 일반공시가 현재 발생하고 있는 기업의 활동에 영향을 미칠 사안(계약, 소송 등)을 투자자에게 알리는 것이라면, 공정공시는 미래 전망에 대한 내용을 알린다는 점에서 근본적인 차이가 있다. 공정한 정보 제공은 주가 변동성을 낮춰 안정적으로 흘러갈 수 있도록 한다. 정보의 비대칭성으로 인한 투자자의 혼란과 손실에서 보호할 수 있는 안전장치인 것이다. IR담당자 입장에서도 공정공시를 통한 정보를 바탕으로 투자자를 상대하는 것이 훨씬 안전할 것이다. 어제 만난 투자자와 오늘 만난 투자자, 낮에 만난 투자자와 밤에 만난 투자자, 그리고 개인적인 유대관계를 가진 투자자와 그렇지 않은 투자자와의 관계에서 기업 정보가 서로 다른 양으로 흘러 간다면 시장과 주가의 안정성, 나아가서는 주주의 부를 침해할 수 있다. 따라서, 기업이 미래에 대한 좋은 내용을 말하고 싶어서 주체할 수 없다면 어서 빨리 공정공시를 실시한 후 사람들을 만나는 것이 좋다. 경영진의 인식 부족으로 어디선가 실수로 투자 등 장래 계획을 발언했다면 지체 없이 공정공시를 해야 한다. 불행하게도 기업의 내부 정보를 선택적으로 제공해 법을 위반한 사례는 뉴스를 통해 심심치 않게 볼 수 있다. 공시에 대한 감각이 몸에 베어 있지 않은 탓이다. 2002년 11월 공정공시 제도가 도입된 이후 주가의 효율성이 높아졌다는 연구 결과[2]를 심심치 않게 볼 수 있다. 규정에 맞게 공시하는 공정공시 역시 IR활동을 좀 더 폭넓고 원활하게 할 수 있게 한다는 점에서 그 가치가 높다고 하겠다.

2 공정공시 제도와 시장의 일중반응, 이병희, 조미옥, 김세희, 2020, 정부회계연구

9. 시장은 신뢰 있는 만남을 원한다

■ 첫 만남의 중요성

만남이란 것은 일상적인 것이지만 가장 중요한 만남은 '첫 만남'인 것 같다. 사람은 첫 만남에서 원수가 되기도 하고, 사랑에 빠지기도 한다. 이렇듯 첫 인상이 중요한 이유는 처음 받은 느낌은 꽤나 오랫동안 머리 속에 남기 때문이다. 만남에 있어 서로를 신뢰한다는 것은 매우 중요하다. 서로가 미워하거나 헤어진다는 것은 신뢰를 잃어 버렸다는 뜻을 내포한다. 첫 만남에서 신뢰감이 생겼다면 다음의 긍정적인 만남도 기대할 수 있다. 이는 기업 활동에도 적용되는 말이다.

특히 IR부서와 애널리스트를 비롯한 기관투자자와의 첫 만남은 매우 중요하다. 필자가 애널리스트로 활동하던 시절, 한 기업을 처음 방문했는데 회의실 안에서 임원진 간에 고성이 오가는 소리가 들렸다. 좀 더 있으니 고성이 욕설로 바뀌고 있었다. 더 이상 앉아 기다릴 수가 없었다. 이런 모습은 기업의 재무적 성과나 가치를 평가하는 데 있어 중요하지 않을 수도 있겠지만, 그 가치는 기업을 전망하는 숫자 어딘가에 분명히 반영되어 있을 것이다. 그 기업은 얼마 후 부도가 났다.

첫 만남에 경영진이 직접 나오면 도움 된다. 다 그렇지는 않겠지만 첫 만남에서 기업은 투자자를 적극 설득해야 하므로, 많은 데이터나 시각적 재료(제품, 공장방문 등)를 활용하여 회사 비전을 잘 이해시켜야 한다. 첫 만남에 시간과 열정을 최대한 투자해야 한다.

■ 투자자를 만나는 자세

기업과 투자자가 만나는 데에는 몇 가지 형태가 있다. IR담당자에겐 잘 알려진 것인데, NDR(Non Deal Roadshow), Investor Day, One on One Meeting 등이 그것이다. 형태는 달라도 모두 동일한 본질의 만남이다. 여기에 제품 시연회, 공장방문 등의 부드러운 만남도 있다. 엄격한 만남에서는 엄격함을 유지해야 하고, 부드러운 만남에서 부드러운 자세가 필요하다.

투자자들은 대개 과거보다는 미래에 관심을 집중한다. 과거를 보는 이유는 그것이 어떻게 현재를 만들었고, 미래를 예측하게 하는 지의 거울이 되기 때문이다. 그래서 미래를 말할 때는 정보 비대칭이 발생하지 않도록 '매우 유념한 만남'을 가져야 한다. 투자자와 1:1 만남에는 과거 이력이 필요하다. 특정 투자자와 지난 번 미팅 때 중요하게 짚었던 내용을 활용하는 것은 물론, 투자자의 성향을 파악하여 적절히 대응하는 것이 중요하다. 그런 점에서 미팅 내용을 기록하는 것은 지속적인 만남에 매우 유리하게 작용한다.

NDR 역시 크게 다르지 않다. 다만, 내가 투자자를 만나러 돌아다니는 게 번거로울 뿐이다. 요즘에는 NDR이 증권사 주관으로 이루어지는 하나의 행사처럼 돼 버렸다. 이 만남은 증권사나 애널리스트와 유대관계를 쌓을 수 있는 좋은 기회이다. 또한 투자자에게도 직접 가서 만나는 손님이므로 대하는 모습이 한결 편안하다. 단, 만나기 전 투자자 성향이나 최근 동향을 증권사로부터 미리 정보를 얻는다면 도움이 될 것이다.

Investor Day는 그야말로 '행사' 개념이다. CEO가 직접 기관투자자를 만나는 시간이므로 세밀한 사전 준비가 필요하다. CEO의 등장은 파급력이 큰 만큼 그 준비 범위도 매우 넓어야 한다. 사전 Q&A 작성은 CEO가 행사를 편안하게 이끌어 갈 수 있게 한다. 특히, 행사 전 공정공시를 통한 정보의 공정한 배분과 행사 시 CEO의 미래 지향적 발언은 기관투자자의 마음을 긍정적으로 이끌 수 있다. 어떠한 이유에서건 CEO의 부정적인 발언은 기업가치를 직접적이고 효과적으로 빠르게 하락시킬 수 있음도 유의해야 한다. 따라서 CEO의 발언 내용에 대한 사전점검이 필요하다. 일례로, 미국 IT기업인 애플(Apple)사의 2018년 11월 1일 열린 컨퍼런스 콜에서 팀 쿡 CEO는 "통화약세를 보인 브라질과 인도, 러시아, 터키 등의 시장에서 매출 압박을 받고 있지만 중국은 그 범주에 넣지 않겠다"고 밝혔다. 그러나 며칠 후 중국 공급량을 줄일 것을 지시했고, 2019년 1월 애널리스트들은 미국, 중국 간 무역갈등을 이유로 애플의 분기 전망치를 하향했다. 주가는 10% 하락했고, 이에 투자자들은 CEO가 중국에서의 아이폰 수요감소를 알고 있었으나 그 사실을 숨겼다며 집단소송을 제기했다. 이 사례에서 보듯 CEO의 발언은 그 진위여부도 중요하지만 투자자들의 마음을 흔드는 중요한 요소이다.

CEO나 CFO 모두가 IR활동에 참여하는 주요 경영진이라면 이들의 발언은 투자자의 마음을 직접적으로 움직인다. 따라서 경영진이 참여하는 미팅은 아무리 경영진이 자신 있는 달변가일지라도 발언 내용에 대한 사전 검토를 통해 미팅 성공 가능성을 높여야 한다.

10. 주식시장이 말하는 IR을 해야 할 때와 그렇지 않을 때

■ 기업과 시장의 소통

주식시장에 상장된 기업이 금융시장과 소통하는 채널은 회사 내에 몇 개나 될까? 자금부서, IR부서, 투자 관련부서 이외에는 눈에 띄지 않을 것이다. 투자자에게 있어 투자를 했다는 것은 나와 상관 있는 자금을 특정 대상에 투입했다는 것이다. 당연히 돈이 들어 갔으니 대상 기업의 움직임은 민감한 체크 포인트이다. 투자자는 투자 기업에 대한 소식을 듣고 싶어 하고 자주 만나고 싶어 한다. 그러나, 실제로 개인투자자가 기업과 만날 기회는 많지 않다. 그것은 개인이 게을러서가 아니고, 기업이 배타적이어서도 아니다. 서로 기대치가 다르기 때문일 수 있다.

기업들은 온 · 오프라인으로 투자자를 만날 수 있는 채널을 늘려 왔다. 그럼에도 투자자들의 욕구를 충족시키기에는 부족할 것이다. 기업들이 개인투자자에게 많은 시간을 할애하기 힘든 이유는 여러 가지이다. 우선 집단화되어 있지 않아 목소리가 너무 다양하다. 그 목소리를 모두 소화하기에는 개인투자자의 소리가 작을 수도 있고 기업 상황과 너무 동떨어져 있을 수도 있다. 둘째는 개인투자자들은 상대적으로 주가 하락을 기다리지 못하고, 기업이 이에 늘 민감하게 반응하기 힘들기 때문이기도 하다. 이것은 돈의 속성에 관한 심리와도 관련이 깊다. 여윳돈이라면 주가가 하락해도 조금 기다릴 수 있지만, 당장 이자를 내야 하는 돈이라면 마음이 급해질 수밖에 없다. 하락기를 염두에 둔 공매도 투자 역시 개인투자자에겐 매우 제한적이다 보니, 증시는 늘 기울어진 운동장이란 말을 듣는다. 생각해 보면, 항상 우상향하는 주가를 갖는 기업은 없다. 개인투자자들의 불만은 언제나 있을 수 있으니 기업은 이를 각오해야 한다. 그런 만큼 IR 담당자는 개인투자자를 어떻게 대할지에 대한 전략과 그들에게 할애할 시간을 늘 염두에 두어야 한다.

■ IR이 필요할 때

먼저, 기업이 IR을 할 때는 언제인가? 답은 '늘(Always)'이다. 회사는 목적을 가지고 IR활동을 한다. 특히 이벤트가 생기면 그 목적을 달성하기 위해 시장과 충분히 소통해야 한다. 오해가 생기면 안 되기 때문이다. 증자를 예로 생각해 보자. 증자는 기업이 건전하게 발전하려면 불가피한 행위이다. 그러나, 주주에게 돈을 더 달라고 요구하는 것이니 주주는 불편할 수 있다. "왜 우리에게 더 투자하라고 요구하는가? 그만한 가치가 있는 것인가?"라는 질문에 충분한 답변을 해 줘야 한다. 투자로 인한 기업가치의 증가, 그때까지 발생할 수 있는 현금흐름, 투자 후 변화된 기업의 모습 등등 아무리 잘 설명한다고 하더라도 끊임없는 질문은 당연하니 이를 잘 소화해 내야 성공적으로 자금을 조달할 수 있을 것이다.

늘 하는 얘기지만, 기업의 생명은 '도입'-'성장'-'성숙'-'쇠퇴'에 이르는 라이프 사이클 중 어느 한 위치에 있으며, IR활동은 각각의 단계에 맞게 이루어져야 한다. 투자자는 사이클의 단계에 따라 기업에 요구하는 사항이나 투자포인트가 다르다. 도입기 기업은 열정이 있지만 자금이 부족하다. 성장률은 높지만 이익 규모는 미천할 것이다. 당연히 기업의 성장에 대한 비전을 얘기해야 하고, 이를 위한 자금조달에 IR활동을 집중해야 한다. 성장기에는 적정한 성장률을 유지하고 있으며, 경쟁자가 있지만 이익의 규모를 증가시켜 나갈 수 있을 것이다. 성숙기에는 원가 경쟁력을 높이기 위해 전략을 짜거나 경쟁자를 물리치기 위한 다양한 시장 진입장벽 구축 등이 필요할 것이다. 쇠퇴기가 되면 대주주는 자금을 조달해 신규사업에 진출할 것인지, M&A할 것인지, 아니면 매각할 것인지를 고민할 것이다. 시장은 이러한 국면에 있는 기업의 전략과 비전이 무엇인지 궁금해 할 것이다. 그래서 IR부서는 이 같은 질문에 진정성 있게 대답할 수 있는 활동을 준비해 놔야 한다.

'필름(FILM)'을 예로 들어 보자. '디카'라 불리는 디지털카메라가 보급되지 않은 수십 년 전만 해도 필름을 사용하지 않는 사람은 없었다. 이렇게 절대적인 필수재로 여겨진 필름을 생산한 세계 최대 기업은 미국 코닥(KODAK)이었다. 아이러니하게도 디카를 세계 최초로 개발한 기업도 역시 코닥이었다. 그러나, 이들은 필름의 매출 감소를 우려해 디카 개발을 접었다. 디카가 본격적으로 생활에 파고들기 시작한 것은 코닥에게 몰락을 의미했다. 카메라 가격을 최대한 낮춰 수요를 만들고 필름의 마진을 높여 이익을 창출하는, 이른바 '면도기 면도날 전략(Razor Blade Strategy)'으로 기업을 성장시켜 왔지만 디카는 이 전략이 원천적으로 불가능했다. 새로운 성장 사이클로 사업을 전환하지 않는 한 이들의 파산은 불가피한 것이었을지도 모른다. 그런데 이렇게 회사가 기울어 지고 있는 시점이라면, IR부서를 없애고 시장과 단절된 시간을 보내는 것이 맞을까, 아니면 기업의 문을 더 활짝 열고 세상에 귀를 기울여야 하는 것이 맞을까? 코닥이 어떤 정책을 썼는지 알 수는 없다. 다만, 코닥이 앞서 나가는 IR활동을 했었다는 점을 고려할 때 IR활동을 통해 기업의 몰락을 저지할 수는 없었을까라는 생각을 해 본다.

기업이 만약 세상이 주는 교훈을 받아들이고 오너가 그 목소리에 반응해 정책을 펼친다면 기업은 분명히 새로운 성장 사이클을 만날 수 있다. 그만큼 시장은 냉정하면서도 기업의 흥망을 안내해 주는 나침반 역할을 한다. 시장이 안 된다면 그건 안 되는 것이다. 또 시장이 요구하면 거기에 순응하는 정책이 필요하다. 기업의 상황이 어떻건 투자자는 기업을 궁금해하고 기업에 비전 제시를 요구한다. 이제 두 번째 문제에 대한 답을 말해 보자. 기업이 IR을 하지 말아야 할 때는 언제인가? 이유는 말할 필요도 없이 정답은 '없다'이다.

기업 경영과 IR

윤현석 상무 | LG화학

Chapter 2 | 기업 경영과 IR

1. IR이란?

　IR은 Investor Relations의 줄임말로, 회사를 대표하여 주주나 투자자 혹은 잠재주주나 잠재투자자와 소통하는 활동 또는 조직을 의미한다. 전미IR협의회인 NIRI(The National Investors Relations Institute)에서는 IR을 '기업가치를 공정하게 평가받도록 하고, 기업과 기타 이해관계자들 간의 필수적인 쌍방향 커뮤니케이션을 실현하는 데 필요한 재무, 커뮤니케이션, 마케팅 활동 그리고 증권 관계법령 준수를 통합하는 전략적 경영 책무'라고 정의한다.

　상당히 복잡한 정의로, 회사와 투자자 간의 소통에서 '관계법령 준수', '재무', '마케팅 활동', '전략적 경영 책무' '쌍방향 커뮤니케이션' 등의 복합적인 키워드들이 들어간다. 이는 IR활동을 위한 양자 간 소통이 상당히 다양한 관점에서 이루어진다는 것을 보여준다.

　먼저 기본적으로는 '관계법령 준수' 측면에서 살펴보자. 상장기업 또는 상장을 앞둔 기업은 상법, 자본시장법 등 관계법령에 따라 사업보고서나 투자설명서 등과 같은 법률상 의무가 있는 보고서를 비롯하여 여러 공시를 진행해야 한다. 이는 법이 규정하는 기업과 투자자 간의 최소한의 소통이라 할 수 있으며, 실적, 전망 그리고 주가에 영향을 미칠 수 있는 주요 사항을 시장과 소통하기 전에 반드시 공시라는 적법한 수단을 통해 선행해야 함을 의미한다.

그 다음은 '재무' 측면이다. 투자자들의 투자에서 가장 기본이 되는 정보는 재무정보이다. 현재와 과거의 재무상태와 실적을 보여주는 재무제표를 비롯하여 향후의 실적 전망과 추정 등이 우선 필요한 정보라고 할 수 있다.

다음은 '마케팅 활동'으로서, 투자자와의 소통이 단순히 정보의 열거나 기계적인 소통이 아니라 보다 마케팅적인 요소가 가미되어야 함을 뜻한다. 그러려면 기업의 상황과 전략을 잘 파악하여 강조하고 싶은 부분은 잘 부각이 되고 스토리텔링 할 수 있는 소통이 필요하다. 물론 사실과 다른 내용을 마케팅을 해서는 안 된다. 나중에 들통 나면 아니함만 못하듯이, 거짓과 허위로 소통해서는 안 될 일이다.

전략적 경영 책무라는 부분은 IR업무가 단순히 주주 또는 투자자에게 필요한 정보를 소통하는 것 이상이라는 것을 의미한다. '쌍방향 커뮤니케이션'이라는 키워드와 함께 기업의 입장에서는 주주 또는 투자자의 소통으로부터 얻을 수 있는 것이 상당히 많이 있다. 투자자들의 전문적 지식으로 무장하고 여러 산업과 기업들을 분석하고 평가한다. 이에 따라 산업, 전후방 사업, 매크로, 경쟁사 등 다양한 측면에서 바라보기 때문에 그 의견들과 통찰은 회사로서도 상당 부분에서 활용할 내용이 많다.

이러한 IR활동은 1950년대부터 미국에서 시작되었고, 한국에서는 주식시장이 어느 정도 성숙해지고 외국인투자자와 기관투자자의 투자가 본격적으로 확대된 2000년대에 들어 대기업을 중심으로 그 역할과 조직이 확대되어 왔다.

물론 아직도 IR활동에 대해 굳이 안해도 되는 일이라는 인식이 여전히 많이 있다. 기업 자금 확보를 위해 IPO를 할 때는 성공적인 IPO를 위해 대표이사까지 발 벗고 나서 IR활동을 열심히 하지만, 정작 IPO 이후에는 IR에 소극적인 경우가 종종 있곤 하다. 특별히 추가로 증자 등이 필요 없는 기업들은 IR업무를 '불필요하고', '쓸데없고', '비용만 들어가고', '귀찮은' 업무라고 인식하기도 하며, 법적으로 꼭 필요한 공시 업무만 수행하는 경우도 종종 있다.

하지만 최근에는 주주 가치에 대한 관심이 높아지면서 대주주, 지배주주 외에도 일반 주주, 소액 주주와의 소통이 점점 더 중요해지고 있어, 회사는 물론 경영진이 주주들과의 소통에 더욱 신경을 써야 하는 필요성이 커지고 있다. 또한, 앞서 IR 정의에서 나왔듯이 IR활동을 '쌍방향 커뮤니케이션'을 통한 '전략적 경영 책무'로 바라보면 기업 경영에 상당히 도움이 될 수 있으므로, IR활동에 더 관심을 가지고 강화할 필요가 있다.

2. IR의 역할

IR의 임무는 기본적으로 주주/잠재주주와의 소통이라고 하였는데, 그렇다면 왜 소통을 해야 하는 걸까? 그 역할에 대해 좀 더 상세히 알아보도록 하자.

■ 원활한 자금조달 기반 마련

17세기 네덜란드에서 시작된 주식회사는 리스크가 큰 신대륙 항해 자금을 확보하는 데 최적의 구조였고, 이를 통해 결집된 자본은 신대륙 개척이라는 신사업을 성공으로 이끈 바 있다. 이러한 구조는 현대에도 마찬가지로, 새로운 아이디어나 기술로 새로운 사업을 시작하는 기업에게 기업공개(IPO, Initial Public Offering)는 가장 많이 사용되는 자본 확보 방안이다.

뿐만 아니라, 이미 상장된 기업도 사업의 확장, 신규 사업 진출, M&A 등을 위하여 대규모 자금이 필요할 때 유상증자를 통해 이를 조달하는 경우도 상당히 많다. 특히 유상증자는 시장에서 부정적인 사건으로 받아들여질 때가 많아, 유상증자 발표 후 주가가 폭락하는 경우가 많다.

따라서 IR이 해야 할 가장 기본적인 역할은 이런 시장에서 자금을 조달할 때 시장 및 주주, 투자자와 충실히 소통함으로써 더 우호적인 자금 조달 환경을 마련하는 것이라고 볼 수 있다.

■ 적정 가치로의 평가

원활한 자금조달에서 가장 중요한 요소 중의 하나가 기업의 주가가 적정가치로 평가받고 있느냐 하는 점이다. 기업의 주가가 높다면, 같은 지분을 희석하여 더 많은 자금을 확보할 수 있어 더욱 효과적인 것은 물론이다.

이렇게 보면 IR의 역할이 해당 기업의 주가를 관리해서 가능한 높은 상태로 끌어올리는 것이라고도 볼 수 있다. 실제로 IR업무를 한다고 하면, 주위에서 주가 관리 업무로 이해하는 경우가 많다. 그래서 해당 기업의 주가가 하락하거나 약세일 경우, IR업무를 소홀히 하는 것 아닌가 하는 질책이 주위에서 들어오기도 하고, 개인주주들로부터 항의가 들어오기도 한다. 하지만 역설적으로 기업의 주가가 상승할 때는 이것을 IR이 역할을 잘했기 때문이라고 보는 사람은 많지 않다. 오히려 주가 상승이 IR역할 덕분이라고 하면 부정적으로 받아들여질 가능성까지 높아진다.

한 기업의 주가는 단기적으로는 여러 요인에 영향을 받지만, 중·장기적으로는 기업의 이익 창출력, 미래 성장성 등 기업의 현재가치와 미래가치에 의해 가장 크게 좌우 받는다. 즉 궁극적으로 기업의 가치를 증대하려면 IR만 열심히 노력해서 될 일이 아니라 모든 임직원이 노력해야 한다.

다만, 기업의 상황과 투자자가 기업을 바라보는 시각에서 불일치가 발생할 수 있으므로 이러한 간극을 최대한 줄여야 한다. 즉, 기업 현황과 미래 모습에 대해 시장의 시각과 불일치가 있다면 최대한 줄여야 한다는 말이다. 특히 투자자로서는 기업의 과거와 현재보다는 미래에 대해 초점을 맞추고 미래의 수익 창출력에 가장 관심이 많다. 따라서 미래에 대한 객관적이고 설득력 있는 전략 방향과 전망을 기반으로 투자자와 소통할 필요가 있다.

〈그림 1〉 LG화학 주가 및 영업이익 추이 사례

장기적 관점에서 보면 한 기업의 주가를 결정하는 가장 큰 요인은 그 기업의 이익 창출력이다.

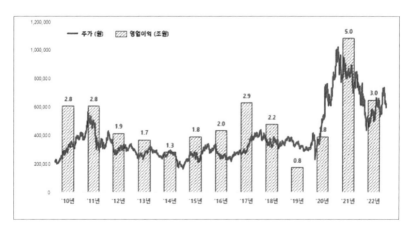

■ 신뢰를 통한 우호 지분 구축

기업공개(IPO) 또는 유상증자와 같은 사안은 일반 기업에는 한 번 또는 매우 드물게 일어나는 일이다. 특히 이미 상장된 회사라면 유상증자는 더욱 매우 드물게 일어나는 사건이고, 이를 위해 적정주가를 유지하려고 IR을 지속하는 것은 어찌 보면 자원의 낭비라고 받아들여질 수도 있다. 냉정하게 이야기하면 기업의 주식을 신규 발행 또는 처분의 계획이 없다고 한다면, 기업의 주가가 적정가치로 평가되든 아니든, 기업의 영업활동, 장부가치, 재무제표와는 무관한 일이기도 하다. 따라서 이러한 일에 자원과 비용을 투입하는 일은 효율적이지 않아 보일 수도 있다.

다만, 주식회사의 주인은 주주이고, 기업의 지배구조에서 가장 상위에 있게 된다. 효율성을 위해 주주들이 기업의 세세한 경영을 경영진에 위임하긴 했지만, 기업의 가장 중요하고 근본적인 의사결정은 여전히 주주총회를 통해서 결정된다. 따라서 경영진으로서는 경영상 필요한 일들을 주주총회에서 통과 받을 수 있는 의결권을 확보하려면 평소 주주들과 긴밀히 소통하고 신뢰를 쌓아야 함은 물론이다. 기업이 야심차게 추진했던 인수합병이나 신규사업 진출이 주주총회에서 통과되지 않거나 가까스로 통과한 사례들이 상당수 있다. 내용 자체가 무리한 경우도 있지만, 그동안 주주들과 한 번도 소통하지 않다가 필요할 때만 연락하는 경우, 주주로서는 기업의 공표 내용에 대해 신뢰하지 못하는 경우도 많을 뿐더러, 현실적으로는 소통을 위해 연락을 하고 싶어도 연락처를 몰라 소통하지 못하는 경우도 상당히 많다.

따라서 기업은 주주총회 안건에 대해 그 배경과 논리에 관하여 심도 있는 자료를 준비해야 하는 것은 물론, 평소에도 주요 주주들과 소통하면서 신뢰를 구축해 놓아야, 그들이 회사의 주요 의사결정에 긍정적으로 반응할 가능성이 높다.

■ 투자자들의 전략적 활용

앞서 말한 IR의 역할이 주로 기업을 대표하여 기업 외부 투자자들과 소통을 담당하는 것이었다면, 역으로 투자자들을 전략적으로 활용하여 기업 내부에 영향을 미치는 것도 IR이 하는 또 하나의 중요한 역할이라고 볼 수 있다.

IR이 만나는 주주, 투자자 또는 애널리스트는 기업을 평가하고 산업을 평가하는 전문가 집단들이다. 물론 단기적으로 모멘텀 (Momentum)에 따라 투자하는 이들도 있지만, 근본적으로 산업에 대해 깊이 분석을 하고, 투자 대상인 기업에 대해서도 미래 수익 창출력을 깊게 분석하고 전망하며 투자 대상을 가린다. 과거와 현재를 통틀어 가장 유명하고 최고의 주식 투자자로 꼽는 워런 버핏은 '주식에 투자하는 것은 그 사업에 투자하는 것이다.'라고 말한 바 있다. 즉 투자자는 경영자와 같은 눈높이와 시각으로 해당 기업의 사업을 다각도로 분석하여 적정한 투자처인지를 판단한다. 단순히 그 기업과 그 기업이 속한 산업뿐만 아니라, 전방산업, 후방산업, 유통시장, 매크로 상황, 소비자 트렌드, 기술 변혁 등 여러 요소를 따져보고 분석하기도 한다.

좋은 투자자들과 대화를 해보면, 기업의 향후 실적전망, 전략방향에 대해 여러 시각의 질문들을 받게 된다. 이를 통해 우리 기업의 전망과 전략방향을 다각도로 조망하게 되고, 기업 내부에서는 그동안 생각하지 못했거나 간과했던 내용의 통찰을 얻기도 한다. 또한, 투자자들은 우리 기업뿐 아니라 경쟁사를 비롯한 여러 회사를 만나면서 정보를 수집하고 분석하기 때문에, 더 객관적인 시각을 가지고 있을 뿐만 아니라, 그 누구보다 빨리 투자를 해야 수익을 극대화할 수 있으므로, 여러 정보에도 매우 민감하고 빠르다. 이러한 통찰들과 정보들은 기업이 잘만 활용할 수 있다면 상당히 유용하게 사용할 수 있다. 산업, 경쟁사 등의 여러 정보를 파악할 수 있는 마켓 인텔리전스(Market Intelligence) 기능부터 기업에 대한 통찰력을 가진 어드바이저(Advisor) 또는 컨설팅 영역까지 활용하고자 한다면 다각도로 활용할 수 있다.

특히 기업의 경영에 고민이 많은 최고경영진들이 훌륭한 통찰력을 가진 투자자들을 만나서 대화한다면, 산업의 변화와 기업이 나아갈 방향에 대해 같은 고민을 하고 있어 상당히 많은 도움이 될 수 있다. 다만 투자자들의 성격과 관점이 모두 상이하고, 입수되는 정보들도 검증이 필요한 경우가 많으므로 IR에서 양질의 통찰과 정보들로 걸러내는 과정이 반드시 필요하며, 이러한 역할을 하기 위해서는 산업에 대한 전문성과 통찰력을 가져야 함은 물론이다.

3. 의무적 IR활동

IR활동은 기본적으로 기업 밖의 시장과 기업 사이에서의 소통을 하는 활동을 모두 포괄하며, 상장기업이 의무적으로 반드시 해야 하는 공시와 주주총회 활동, 미팅, 실적발표, NDR 등 자율적인 소통 활동으로 구분할 수 있다. 또한, 투자자들의 전략적 활용 측면에서 기업 내부를 향한 활동들도 있을 수 있다.

이 장에서는 주요 활동들에 대해 A부터 Z까지 상세한 내용을 기술하기보다는, 각 항목에 대해 현업에서 바로 참조할 수 있는 팁 위주로 기술하고자 한다. 각 활동별로 보다 구체적인 안내와 설명은 한국IR협의회에서 발간한 『IR 길라잡이』를 비롯해 그간에 나온 IR 관련 책자에 충분히 기술되어 있으므로 참조하길 바란다.

한국거래소에 상장된 기업이라면 주주, 투자자를 위하여 기업에서 소통해야 할 내용과 거쳐야 할 절차들을 법적으로 규정해 놓았으므로, 기업들은 이를 따라야 하며 따르지 않으면 제재금을 비롯하여 상장 폐지 등의 법적인 처벌을 받을 수 있다.

■ 주주총회

● 주주총회가 다루는 사안

주주총회는 기업의 최고 의사결정기구이며 기업의 주인이 되는 주주가 기업의 주요 의사결정에 직접 참여하는 활동이다. 주주총회는 1년에 한 번 정기 주주총회가 개최되며, 그 외에 긴급한 안건이 있으면 임시 주주총회를 개최하기도 한다. 주주총회에서 심의되고 결정하는 사안은 다음과 같다.

① **재무제표 승인의 건** : 배당 등 이익잉여금 처분의 건이 포함됨
② **이사와 감사 선임의 건** : 기업을 실질적으로 운영하는 이사회와 감사위원 선임의 건
③ **정관 변경의 건** : 기업의 기본적인 규칙인 정관 변경의 건. 통상 주주, 이사회 등의 지배구조 변화, 사업 목적 사항 변동이 들어감
④ **임원 보수 한도 승인의 건** : 이사회 이사들의 보수 한도 승인의 건

정기적인 주주총회 외에, 긴급히 처리할 사안이 있으면 임시 주주총회를 개최하기도 한다. 통상 M&A와 관련된 기업 분할, 합병 등에 관련한 건이거나, 경영권 분쟁에 따른 이사 선임, 해임의 건 등이 있을 수 있다.

주주총회는 주식회사 구조에서 가장 중요한 행사이자. 주주가 직접 권리를 행사할 기회이므로 IR활동에서 매우 중요한 자리를 차지한다. 주

주총회를 통한 IR활동의 두 가지 중요한 업무는 첫 번째, 주주총회 안건 통과를 위한 의결권 확보, 두 번째는 주주총회 행사 진행이다.

● **의결권 확보**

과거 주주총회 안건에 대해서 한국의 기관투자자들은 크게 고민하지 않고 대부분 찬성하거나, 개인주주들은 안건에 큰 관심 없이 의결권 행사를 포기하는 경우가 많았다. 간혹 해외의 행동주의 투자자들이 단기적으로 주식을 매매한 이후 연대하여 주주총회를 통해 기업을 공격하는 일이 있긴 하지만, 지배주주 지분이 약한 회사를 대상으로 시세차익을 목적으로 하는 경우가 많았다.

하지만, 2010년대 들어 유럽과 미국을 중심으로, 기업에 투자한 주주로서 기업이 건실하게 운영되고 있는지에 대한 판단과 기업 가치를 높이기 위한 기관주주들의 행동규범인 스튜어드십코드가 출현하면서 연기금을 비롯한 기관투자자들이 더욱 엄격하고 신중하게 투자하며 기업들의 의결권 행사에 적극적으로 나서기 시작하였다. 국내에서도 최대 기관투자자인 국민연금이 2018년 스튜어드십코드를 도입하여 투자한 국내외 기업들의 주주총회 의결권 행사를 적극 수행하면서, 목소리를 높여오고 있다. 국내외 기관투자자들도 각기 스튜어드십코드를 도입하여 이런 움직임에 동참하고 있다.

〈그림 2〉 국민연금 주주권 행사 및 의결권 행사 절차

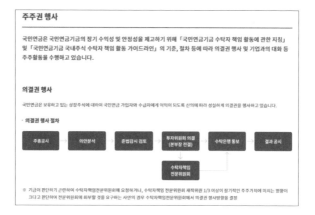

출처 : 국민연금 홈페이지

주주총회 안건 통과를 위한 의결권 확보는 IR의 주요한 업무 영역 중의 하나이며 기본이 되는 업무이다. 그렇다면 주주총회 의결권 확보를 어떻게 성공적으로 할 수 있을까?

[*의결권 확보, 이렇게 진행해 보자*]

① 주요 주주의 의결권 행사 관련 가이드라인을 확인하자

주주총회 안건을 정하는 일은 IR업무는 아니지만, 주요 주주들의 의결권 행사 관련 가이드라인들을 주기적으로 참조하여, 안건을 정하는 법무, 인사 등 주무 부서에 공유함으로써, 주요 주주들의 지침에 최대한 위배되지 않는 방향으로 안건이 정해질 수 있게 역할을 할 필요는 있다. 국민연금은 '국민연금기금 수탁자책임 활동에 관한 지침'을 제정하여 홈페이지에 공개하고 있으며, 지속적으로 업데이트하므로 자주 확인이 필요하다. 다른 국내외 대형 연기금도 이러한 별도 지침을 가지고 있는 경우가 있으니 확인해 보도록 하자.

그러나, 중소형 기관투자자들의 경우 모두가 이를 갖추고 있지는 않다. 이럴 때는 별도 '의결권 행사 자문기관'의 의견을 따르는 경우가 많다. 해외에는 ISS(Institutional Shareholder Service)와 글래스 루이스(Glass Lewis), 두 개 기관이 있고, 국내에는 한국ESG평가원 등 여러 개 기관이 있다. 이들 기관에서도 의결권 행사에 관한 원칙과 세부지침을 공개하고 있으니 확인할 수 있다.

여러 기관의 지침을 모두 파악하는 것은 상당히 지난한 작업이고, 이 또한 매년 조금씩 업데이트가 되기도 해서 이를 일일이 확인하기도 쉽지 않다. 일관된 원칙이라고 한다면, 각 안건이 '주주들에게 유리하냐'가 판단의 근거라고 할 수 있다. 기업의 가치 상승이 대체적으로는 주주의 가치 상승으로 연결되기는 하지만, 꼭 그렇게 바라볼 수 없는 측면도 많다. 또한, 이사회, 감사위원회의 독립성을 상당히 중시하므로 이사, 감사위원 선임은 독립성의 기준이 상당히 높다.

② 주요 주주 의사결정 담당자 및 관련 기관 담당자의 소통 창구를 확보하자

주주총회 소집공고를 한 이후부터 주주총회 안건에 대해 본격적으로 주주들과 소통을 할 수 있다. 공시되지 않은 주주총회 안건에 대해서는 의결권 담당자들도 공식적으로 논의하기 꺼린다. 주주총회 소집공고 이후 주주총회까지 대략 한 달 내에 이루어진다고 본다면, 안건에 대해 주주들과 소통할 수 있는 시간은 많지 않다. 특히나 외국인 주주들은 주주총회 열흘 전까지 거의 의결권 대리 행사를 하고 있고, 의결권 자문기관들의 의결권 자문은 주총 안건 공시 1주 후에 나오기 때문에, 소통의 시간은 매우 짧다.

일반적인 기관투자자들은 주로 연락하는 펀드매니저들이 의결권 의사결정을 할 때도 있지만, 일정 규모 이상의 기관은 별도의 담당자를 두고 있는 경우가 많다. 짧은 기간 동안 집중적으로 소통하기 위해

서는 주요 주주들과 의결권 자문기관들의 담당자 정보에 대해서 미리 파악해 두어야 하며, 아직 시간이 있는 연말이나 연초에 의결권 지침에 대한 변화 등을 물어보면서 컨택포인트를 재확인하는 것이 좋다.

③ 안건과 주요 내용, 특히 해명, 소명이 필요한 내용은 반드시 공시 등을 통해 공개하자

소통 시간이 한정적이고, 국내 기업들의 주주총회가 3월에 집중되므로, 소통이 필요한 내용은 단순하고 명확하게 준비하여 주주들과 소통하여야 한다. 특히 쟁점이 될 수 있거나, 모호하여 해석의 여지가 필요하거나 적극적인 소명이 필요한 경우에는 주주 관점에서 내용을 명확히 작성하여 소통할 수 있도록 한다.

대부분의 주주가 공시되었거나 공개된 정보를 바탕으로 의결권 행사 여부를 의사결정으로 하므로, 필요한 정보, 참조 서류 등은 모두 적법하게 공시하거나 회사 홈페이지에 게재하여야 한다. 공시 내용은 제한적으로 하고, 전화 등으로 '사실은 이렇다.'고 하는 것은 아무 소용이 없다. 의결권 담당자로서 공개된 자료 기반으로 의사결정의 투명성을 증명하여야 하므로 주주총회 안건과 관련한 소통은 반드시 투명하게 진행되어야 한다.

④ 해외 주주는 의결권 자문기관의 권고가 매우 중요하다

해외기관은 전 세계 수많은 기업에 투자하므로 일일이 주주총회

안건을 분석해서 의사결정 내리기 쉽지 않다. 따라서 ISS와 글라스 루이스같이 의사결정 자문기관의 권고가 매우 중요하다. 특히 해외 기관은 사외이사, 감사의 독립성을 매우 엄격하게 심사한다. 사외이사가 교수일 경우, 그 기업이 해당 학교에 기부했는지까지도 확인을 한다. 더구나 모호한 경우에는 보수적인 판단을 내리므로, 오해하기 쉬운 내용에 대해서는 납득할 만한 해명이나 소명을 공시 자료에 미리 포함하도록 한다.

혹여 의사결정 자문기관에서 반대 권고가 나오면 독자적으로 의결권 관련 의사결정을 하는 해외기관들과 더 적극적으로 소통을 시도한다. 특히 영국이나 유럽계 기관들, 특히 연기금들은 일정 규모 이상은 의사결정 자문기관 외 독립적인 의사결정을 하는 경우도 많다. 집중적으로 이들을 대상으로 설득작업을 진행한다. 경험에 비추어 보았을 때 ISS에서 반대 권고가 나왔을 때 해외 주주의 찬성률은 30~40%를 넘기가 쉽지 않았다. 그만큼 매우 큰 영향을 주지만, 10~20%는 노력 여하에 따라 바뀔 수 있다.

⑤ 주주총회 이후 결과에 대해서 후속조치(Follow-up)한다

주주총회 이후 기관별로 안건에 대한 찬반 여부 정리가 필요하다. 특히 반대한 기관들에 대해서 그러하다. 주요한 주주일 경우에는 담당자에게 메일 등을 보내서 왜 반대했는지를 물어보는 것이 좋다. 답을 하지 않는 경우도 많지만, 투명하게 'OO 때문이다'라고 답신하는 경우도 있고, 기관 홈페이지에 의결권 행사 내용과 반대 이유를 게시하는 경우도 많다. 이런 내용은 정리해서 앞으로 있을 주주총회 자료로 활용한다.

● 주주총회 행사 진행

주주총회는 주식회사의 가장 높은 의사결정 절차이자 주주들을 위한 날로, 상당히 의미가 있는 행사이다. 실제로 주주총회를 기업경영진과 주주들이 만나서 질의응답을 하고 축제처럼 보내는 사례도 많다. 대표적인 사례가 워런 버핏과 찰리 멍거가 경영하는 버크셔 해서웨이 회사로, 매년 열리는 정기주주총회는 아래 참조기사에서 보는 것처럼 많은 개인주주가 참석해서 오랜 시간 질의응답을 통해 회사 경영진과 주주가 소통한다.

[참조기사]
주주총회가 축제까지는 아니더라도

(the bell 23.4.4)

매년 5월 미국 네브래스카주 오마하에서 열리는 버크셔 해서웨이 주주총회는 자본주의자들의 축제로 불린다. 여러 행사가 있지만, 참석들이 가장 기다리는 건 '투자의 귀재' 워런 버핏, 찰리 멍거와의 Q&A 세션이다. 기자와 금융사 애널리스트, 기관투자자, 소액 주주 구분 없이 주주라면 질문할 수 있다. 8살 꼬마가 버핏에게 당차게 질문하기도 한다.

정보와 유머, 지혜가 어우러진 지식 콘서트에 투자자들은 열광한다. 매년 3만~4만 명이나 모이는 이유다. 참석 인원이나 분위기는 유명 뮤직 페스티벌을 방불케 한다. 미국 온라인 커뮤니티에선 벌써 다음 달 6일(현지 시간)에 열릴 주총 참석 방법이 공유되고 있다. 합산 나이 192세인 두 거장은 올해도 5시간가량 주주들과 마라톤 질의응답에 나선다.

그에 비해 국내에서는 주주총회가 안건 통과를 위한 요식행위라는 인식이 상당히 강하다. 지배구조의 불안정성, 주총꾼의 횡포 등 여러 요인 때문에 주주총회를 가능한 신속하게 종료하는 경우가 많다. 주총 안건 상정 및 승인 또한 기관투자자들의 경우 이미 주총 이전에 찬반 의사표시를 행사하기 때문에, 주주총회 행사 전에 안건별로 통과 여부가 확정되는 경우가 대부분이다. 따라서 주주총회에서 드라마틱하게 결과가 결정되는 경우는 거의 드물다고 할 수 있다. 이렇다 보니 주주총회에 대한 주주들의 참여 필요성도 많이 떨어져서, 기관투자자는 물론이고 진지한 개인투자자들은 참석하지 않는 경우가 많다. 개인주주 중에서도 소위 '주총꾼'이라 불리는 주주들이 와서 금전 취득을 목적으로 행사를 의도적으로 방해하다 보니, 주주총회 행사의 의미가 더욱 더 퇴색되고 요식행위처럼 되어버린 바가 있다.

긍정적인 측면으로는 최근에는 각 기업이 주주총회를 주주와의 소통의 장으로 여기고 크게 이벤트를 여는 회사들이 많아지고 있다. 특히 소비재 기업들의 경우 주주를 충성 고객으로서 끌어들이기 위해서 개인주주 대상으로도 정성을 다하고 있다. 풀무원은 '열린 주총'이라는 컨셉으로 오랫동안 주주총회를 주주 간담회와 겸하여 진행해 오고 있다. 여기에 최고경영진이 참석해서 주주들과 질의응답을 하며 진행된다. 최근 삼성전자도 주주 수백 명이 참석하여 기업 현황과 전략에 관해 설명 듣는 대형 이벤트를 진행해 오고 있다. 여기에 더

해 주주총회를 실시간으로 온라인 중계해 주주 참여를 유도하고 있는 회사도 많아지고 있어 점점 더 긍정적인 방향으로 나아가고 있다.

■ 공시 업무

공시는 상장사 또는 외부 투자자가 있는 경우 '재무제표, 경영상의 주요 변동 사항에 대한 최소한의 내용을 외부 투자자와 정보 공유하라'는 법률상 의무로 주주, 투자자 대상으로 하는 가장 기본적인 소통 채널이라고 할 수 있다. 실제로 많은 주주 투자자들이 재무제표를 비롯한 사업보고서를 꼼꼼히 읽고 투자 의사판단을 내리는 경우가 많고, 공시 하나에 기업의 주가가 급등하기도 급락하기도 한다. 이러한 공시를 효과적으로 해내려면 어떻게 하는 것이 좋을까? 이에 대한 몇 가지 주요한 방법을 소개한다.

[효율적인 공시 업무 방법]
① 공시 규정을 정확하게 잘 숙지한다

당연한 이야기이겠지만, 법률상 규정인 만큼 관련 규정을 위반하면 법적인 제재가 따르므로, 정확한 규정을 숙지하고 적확하게 수행하는 것이 중요하다. 특히 공시 관련 규정들이 점점 더 많아지고, 까다로워지고 있다. 사업보고서에 공시해야 하는 항목들도 조금씩 늘고 있고, 거래소의 수시공시 역시 포괄공시제도가 생기면서 수시공시를 해야 하는 건들이 더욱 늘어났다.

ESG 관련 공시도 더욱 확대되고 있고, 기업지배구조보고서도 의무화된 데다 범위도 지속해서 확대되고 있다. 기후변화에 따른 지속가능성을 위한 공시의 의무화가 한창 논의 중에 있는데, 국제회계기준재단(IFRS, International Financial Reporting Standards)은 국제지속가능성기준위원회(ISSB, International Sustainability Standards Board)를 설립하고 2021년 기후변화에 따른 지속가능성 관련 글로벌 기준 및 공시를 위한 관련 규정을 수립 중에 있으며, 이를 전 세계적으로 통용할 계획이다. 이렇게 되면 국내에서 현재 몇몇 회사가 자율적으로 진행하고 있는 '지속가능경영보고서'와 같은 보고서가 법률상 의무가 될 것이며, 사업보고서처럼 외부기관의 인증을 거쳐 공시해야만 하게 될 것이다.

현재는 자율적으로 운영되고 있지만, 거래소에는 영문 공시도 단계적으로 의무화되고 있다. 외국인투자자의 비중이 상당히 커졌기 때문이다. 서비스 강화 차원에서 영문 공시가 필요할 수 있지만, 법률상 의무가 있는 공시를 촉박한 시간 안에 영문화하여 공시하는 것은 기업에 또 다른 부담일 수 있다.

이렇듯 공시에 대한 의무 사항과 제약 사항들이 지속해서 엄격해지고 있어 이에 대한 변화 흐름을 잘 감지하는 것이 1차적으로 중요하다.

② 공시가 누락되지 않도록 내부 프로세스를 정립하자

기업 내에 공시 의무사항인 사안이 발생하였는데, 이것이 IR부서에 제대로 전달이 되지 않아 공시가 누락이 되거나 지연될 때가 있다. 이는 규모가 작은 회사뿐만 아니라 대기업에서도 흔히 일어날 수 있는 일이다. 이를 방지하려면 의무 공시에 해당하는 사안이 발생하는 즉시 IR담당자에게 통지가 오도록 내부 프로세스를 만들어 두어야 한다. 주요 의사결정의 대부분은 이사회에서 심의되고 결정되므로, 1차적으로는 이사회 심의 안건과 개최 결과가 자동적으로 사전에 통지되어 오도록 해야 한다.

그 외에도 사업 양수도와 같은 M&A 계약, 대규모 공급계약, 가동 중단 등 몇몇 사례들은 이사회에는 보고되지 않는 사안이지만 공시의무사항인 경우도 있다. 특히 신약 개발 같은 경우는 공시 절차가 상당히 까다롭다. 이런 경우에 기업 내부의 정보 보고 체계를 확인하여, 최종 결정이 이루어지는 시점 즈음에 IR담당자에게 정보가 통보가 올 수 있도록 내부 프로세스를 확인해야 한다. 필요하면 새로운 프로세스를 수립하여야 한다.

몇몇 공시는 몇 년이 지나서야 정정공시가 되거나 추가로 공시가 필요한 경우가 생긴다. 이런 때에는 담당자가 바뀌더라도 공시가 제때 안 되는 일이 없도록 업무 인수인계를 확실히 해야 한다.

③ 공정공시를 위한 주의사항

공정공시란 기업이 중요한 정보를 특정인에게만 선별적으로 알리는 것을 금지하고, 오로지 증권시장을 통해서만 알리도록 하는 제도를 말한다. 실적이나 매출, 투자 계획과 같은 사업 계획 등 주요한 정보가 이에 해당한다. 만약 이런 정보를 공정공시를 통해 시장 관계자 모두를 대상으로 알리지 않고 애널리스트, 투자자, 기자 등 특정인에게만 공개할 경우 공정공시를 위반하는 것이 된다.

공정공시 위반은 상당히 흔하게 발생한다. 여러 기업들이 이를 위반하여 제제를 받은 사례가 제법 많다. IR과 특정 애널리스트, 투자자 간 소통이 문제되는 경우도 있지만, CEO 등 최고경영진의 기자회견, 인터뷰를 통해 언론에 보도되는 경우도 많이 발생한다. CEO가 '올해 매출을 얼마 하겠다.', '영업이익을 얼마 내겠다.'라고 포부를 밝히는 것은 흔히 있을 수 있지만, 사전에 공시되지 않은 내용이라면 공정공시 위반이 된다.

따라서 CEO, CFO 등 언론에 노출될 수 있는 최고경영진에게 이러한 주의사항을 충분히 알려야 하고, 홍보부서와도 유기적으로 소통하며 대응해야 한다. 또한, 이를 방지하기 위해 선제적으로 매출, 영업이익 목표를 미리 공시하는 경우도 있다.

<그림 3> LG화학 공정공시 사례

정정신고(보고)	
정정일자	2023-05-16

1. 정정관련 공시서류	장래사업·경영 계획(공정공시)	
2. 정정관련 공시서류제출일	2022-02-08	
3. 정정사유	매출계획 등 변경	
4. 정정사항		
정정항목	정정전	정정후
1. 장래계획 사항	LG화학의 지속가능 성장을 위한 중장기 전략 및 매출계획	LG화학 3대 신성장 동력 매출 확대를 통한 지속가능 성장 전략
2. 주요내용 및 추진일정 - 목적	친환경 소재·전지 소재·글로벌 신약 등 ESG 기반 고부가 신사업 비중 확대	중장기 성장 전략 공개를 통한 투자자 이해 제고
2. 주요내용 및 추진일정 - 세부내용	□ LG화학 매출계획 - '26년 40조원, '30년 60조원 (LG에너지솔루션과 팜한농 제외, LG화학 직접사업 매출 기준) □ 3대 신성장 동력 매출계획 - '26년 12조원, '30년 30조원 - '30년 기준 분야별 매출: 1) 친환경 Sustainability 비즈니스: 8조원 2) 전지 소재 중심의 e-Mobility: 21조원 3) 글로벌 혁신 신약: 1조원	□ LG화학 매출계획 - '26년 45조원, '30년 70조원 (LG에너지솔루션과 팜한농 제외, LG화학 직접사업 매출 기준) □ 3대 신성장 동력 매출계획

LG화학 공정공시 사례를 보면 2022년 2월 Investor Day에서
중·장기 매출 목표 수치를 발표할 예정이라, 미리 공정공시로 공개
한 후에 CEO가 발표하였다. 이어서 2023년 5월에는 이에 대한 목표
수정치를 CEO가 다시 대외로 발표할 예정이어서, 사전에 이에 대한
수정공시를 먼저 진행하였다. 이렇듯 공정공시를 먼저 진행하고 대
외 커뮤니케이션을 진행해야 문제가 없다.

④ 공시를 전략적 커뮤니케이션으로 활용하자

공시는 법적인 규제를 받으므로 공시 내용에 대한 신뢰성이 상당히 높아 IR소통에 있어서 가장 강력한 커뮤니케이션 수단이 된다. 그러다 보니 공급계약, 신약개발 등 공시 하나에 따라 주가가 급등하는 경우도 많고, 허위내용 공시로 주가를 띄운 후 나중에 정정공시를 하는 경우도 상당히 많아, 이에 대한 규제와 제재는 점점 더 강화되고 있다. 따라서 불순한 의도가 아니라, 순수한 IR커뮤니케이션 전략으로서 공시를 가장 파워 있는 채널로 고려해 활용할 필요가 있다. 즉 널리 알려야 할 내용이 있다면, 보도자료만 배포하지 말고 공시와 함께 진행한다면 그 효과가 더욱 배가될 것이다.

수시공시 요건에 해당이 되지 않더라도 자율공시를 통해서 공시하는 방안을 적극적으로 알아보자. 물론 거래소에서는 무분별한 자율공시를 막기 위해서 심사를 하지만, 어느 정도 중요성을 부여하고 의미 있는 내용이라면 자율공시를 진행할 수 있다. 반대로 공시 의무가 있지만, 비밀 유지 등을 이유로 공시하고 싶지 않은 상황이 있을 수 있다. 예를 들면 공급 계약 등 상대방이 있는 경우, 상대방에서 비밀 유지를 이유로 공개하기 꺼리는 경우가 있다. 이럴 경우에는 특정 항목들을 '비공개'로 표시하여 공시하는 방법이 있다.

모든 규정이 그렇듯이, 모든 상황을 완벽히 규정하고 통제할 수는 없다. 일정 부분 해석의 여지가 필요한 부분이 있을 수 있으며, 이를 잘 알아보고, 법적인 테두리 안에서 공시를 전략적으로 잘 활용해 보자.

4. 자발적 IR활동

　지금까지 의무적으로 진행해야 하는 IR활동을 알아보았다면, 앞으로는 IR소통 전략에 따라 선택할 수 있는 자율적인 IR활동에 대해 알아보고자 한다. 대표적인 활동은 실적 발표, 애널리스트/투자자 미팅, 로드쇼, 개인투자자 대응이 있으며, 나열 순서대로 중요도를 띤다. 세부적으로 어떤 활동을 하는지 하나씩 살펴보도록 하자.

■ 실적 발표

　회계연도의 회기에 맞춰 기업은 분기마다 분기 실적 발표를 하게되며, 주주, 투자자들은 발표되는 실적들을 보면서 '본인의 예측과 맞는지', '기업의 실적이 예상대로 온 트랙(On track)으로 가는지, 문제는 없는지'를 확인하고 필요하다면 향후 실적 전망을 업데이트한다.

　그래서 많은 회사가 사업보고서 발간 전에 잠정실적 발표를 하고, 별도의 컨퍼런스콜이나 설명회를 하거나 자료를 배포하기도 한다. 물론 별도로 실적 발표 등과 같은 소통을 하지 않는다면 사업보고서를 발간하면서 실적을 처음으로 공개한다.

　실적 발표가 기업과 투자자 간의 소통에 중요한 역할을 하다 보니 이를 잘 대응하는 것은 아주 중요하다. 그런 점에서 발표에서 공개되는 실적 숫자들과 시계열 상의 수치 흐름도 기업을 이해하도록 하는 데 의미가 있지만, 숫자가 다 설명하지 못하는 내용도 많아서, 숫자를 설명할 수 있는 배경과 스토리를 곁들인다면, 주주, 투자자의 이해는 훨씬 더 높아질 수 있다. 이를 위한 몇 가지 팁을 정리해 보았다.

[실적 발표, 이것만은 기억하자]
① 투자자는 과거 숫자가 아닌 미래 수치에 더 관심있다

실적 발표에서 주인공이 되는 수치는 당분기의 실적, 즉, 매출액과 영업이익이겠지만, 실제 투자자가 가장 관심이 있어 하는 수치는 다음 분기를 비롯한 미래 예상실적이다. 주식이나 기업에 투자한다는 것은, 그 기업의 미래가치를 보고 투자를 하는 것이다. 과거에 아무리 역사가 화려했고 좋은 실적을 냈더라도 그것은 지금 있는 투자자가 누릴 수 있는 열매가 아니다. 물론 기업은 계속 사업이므로, 과거와 현재가 좋으면 추세적으로 미래에도 좋을 것이라고 전망할 수는 있다. 그런 점에서 과거와 현재의 수치와 데이터는 미래를 분석하기 위한 참고 수단일 뿐, 가장 중요한 요소는 미래 실적 예측이다.

그런 점 때문에 사상 최고 실적을 발표하고도 주가가 하락하기도, 최악의 실적을 발표하고도 주가가 상승하기도 하는 이유는, 최고 실적이 당분간 나오기 힘든 피크(Peak) 실적이라는 인식이 들면 투자자는 주식을 매도할 것이고, 최악의 실적이라도 이것을 바닥으로 실적이 점점 좋아질 것으로 전망된다면 투자자들은 주식을 사들일 것이기 때문이다.

따라서 당기의 실적에 대해 정확한 해석을 제공해 줄 필요가 있다. 기업의 매출 및 영업이익에 미치는 영향을 정확히 짚어주면서, 구조적인 변화인지 일시적인 변화에서 기인하는지를 명확히 언급할 필요가 있다. 실적 등을 설명할 때 과거의 선형적인 패턴과는 다른 구조적인 변곡점이 나오는 경우가 있다면 이를 집중적으로 설명해야 한다. 그래야 시장에서 미래 실적 예측을 정확하게 할 수 있다. 예를 들면, 신규시장 진출, 가격 인상, 더 값싼 재료 공급처의 발견 등이 있을 수 있다.

당기의 실적이 좋지 않더라도 그것이 일회성 요인, 예를 들면 충당금 설정, 사고로 인한 일시적 비용 발생 등으로 인해 발생한 것이라면, 가능한 이에 대한 영향을 정확하게 공개할 필요가 있다. 이미 반영된 악재는 지나간 것이므로, 미래 전망은 더 긍정적일 수 있다.

② 실적에서 가장 중요한 수치, Q, P, C를 기억하자

실적에서 가장 중요한 수치는 Q(Quantity), P(Price), C(Cost) 이다. Q와 P를 곱하면 매출액이 되고 여기서 C를 빼면 영업이익이 된다. 기업 실적에 대해 이 세 가지 측면에서 정확한 분석과 이해가 있어야 외부 투자자와 원활한 소통을 할 수 있다.

먼저 판매량(Q)은 시장의 함수이고, 판매량 변화가 기업의 실적을

전망하는 데 있어서 3가지 수치 중 가장 중요하다고 볼 수 있다. 이는 거시경제의 변화, 인구구조 변화, 시장의 변화, 소비자 행동양식의 변화, 신규 시장 개척, 신규 용도 사용 등 다양한 요소로 설명할 수 있다.

라면을 예로 들어보자. 라면 판매량 변화에 가장 큰 요인은 무엇일까? 라면 판매량은 기본적으로 인구 수의 함수이다. 우리나라의 인구 수는 정체되어 있으므로 라면 판매량이 늘려면 1인당 라면섭취량이 늘어나야 한다. 다만, 이러한 소비자 행동양식의 변화는 큰 계기가 있지 않으면 잘 일어나지 않는다. 예를 들면, K-Food 열풍으로 전세계로 수출되는 비중이 늘어난다면 판매량 예측의 가정이 바뀔 수 있다.

두 번째, 가격(P)은 경쟁 함수이다. 경제학적으로 P는 공급(Supply)과 수요(Demand)의 함수인데, 기업에게 공급은 경쟁을 의미하고, 수요는 제품 또는 서비스의 경쟁력을 의미한다.

기업마다, 제품마다 가격 결정 메커니즘이 매우 다양하여 일률적으로 말할 수는 없지만, 판매가의 변동은 그 기업의 경쟁력을 판단할 수 있는 주요 지표가 된다. 일반적으로 산업이 성숙해지면서, 진입장벽이 낮아지고 경쟁이 심화되면서, 경쟁사 간에 가격 경쟁은 치열해질 수밖에 없다. 따라서 시장 가격 흐름 대비 해당 기업 제품의 판매가가 높은 흐름을 유지할 수 있다면, 그 기업의 제품이나 서비스 경쟁력이 좋다고 판단할 수 있다. 물론 새로운 시장 개척 또는 보다 매스(Mass) 마켓 진입을 위한 저가형 출시 등에 따라 평균 판매가가 하락할 수 있다. 이럴 경우 Q에서 수치가 증가하게 되니, 같이 복합적으로 설명할 수 있다.

마지막으로 C(Cost)는 앞서 Q와 P로 인한 매출에서 영업이익을 산출할 때 필요한 수치이다. 다만, 이 C가 구조적으로 변화가 있기는 쉽지 않다. 새로운 저렴한 원자재 공급처와의 계약, 주요 설비의 감가상각 완료, 새로운 생산 공정 도입, 인원의 대대적인 감축 등 무언가 큰 사건이 일어나지 않는 한 C는 큰 폭으로 개선되기 힘들며 시계열 흐름도 비슷하다. 다만 반도체, 디스플레이와 같은 대규모 장치 산업처럼 고정비가 많이 들어가는 경우에는 출하량, 가동률이 비용에 미치는 부분이 상당하므로 이 부분도 중요하다. 이렇게 해당 기업의 실적에 미치는 3대 요소에 대한 사안들이 정확하게 분석되어 있어야만 투자자와 만족스러운 소통을 진행할 수 있다.

③ 가이던스는 보수적으로 제시하자

이미 결정된 실적보다는 향후 전망이 중요하다고 했는데, 그러면 이 가이던스를 어떻게 주는 것이 좋을까? 당연히 주주, 투자자 입장에서는 긍정적이고 희망적인 가이던스를 원할 것이다. 물론 당연하게도 있는 그대로의 상황을 이야기해야겠지만, 그래도 선택한다면 어느 정도는 보수적인 가이던스가 좋다고 볼 수 있다.

첫째, 어닝 쇼크보다는 어닝 서프라이즈가 더 낫다. 기업의 가이 던스는 결국 애널리스트들의 실적전망으로 연결되고 이를 통해 컨센 서스라고 하는 다음 분기 또는 년도의 평균 실적 추정치가 나오게 된 다. 3개월 후 실적 발표를 다시 할 경우, 이 컨센서스와 실적을 비교 하여 실적이 컨센서스 대비 낮다면 어닝 쇼크, 좋다면 어닝 서프라이 즈라고 한다. 같은 실적을 기록하고도 어닝 쇼크가 나오면 주가는 하 락하고, 어닝 서프라이즈가 나오면 주가가 상승하는 경향이 있다. 따 라서 시장의 기대 심리를 관리하는 측면에서, 굳이 실적 전망치를 높 게 유지할 필요는 없다.

둘째, 실적 가이던스는 3개월 있으면 실제 실적이 나와 비교 가능 한데, 몇 분기 반복되다 보면 그 기업의 가이던스가 믿을만한 지, 너 무 희망적인지, 너무 보수적인지는 대체로 알게 된다. 신중하고 믿음 직한 평판을 가지는 것이 대체적으로 좋다.

셋째, 전망과 가이던스는 전적으로 그 기업 내부의 예상과 계획을 바탕으로 한다. 그러나 통상 기업의 예상과 계획은 맞는 경우보다 틀 리는 경우가 더 많으며, 실적이 좋아지는 방향보다는 더 나빠지는 방향으로 틀리는 경우가 많다. 예를 들면, 뜻밖의 전쟁이 발발한다든지, 석유 감산으로 유가가 급등한다든지, 공급망 이슈로 공급이 원활치 않다든지, 기업 내 뜻밖의 사고가 발생하는 등으로 말이다. 물론 이런 것을 기업의 이동 계획에 미리 반영하지는 않지만, 발생할 수 있는 블랙스완이 많다는 사실이다. 그런데 차라리 이런 대형 사건들은 설명하기는 편하지만, 아주 작은 사안들로 인해 실적이 계획 대비 차질이 나는 경우는 더욱더 많다. 따라서 이런 가능성을 두고 보수적인 편이 더 낫다.

④ 내부정보를 취합하고 점검하자

IR부서는 IR활동을 위해서 재무적인 부분 외에도 투자자가 관심을 둘 만한 미래 전략 방향, 주요 사업 현황, 기술 개발 현황 등 회사 내의 여러 가지 현황과 전략 방향에 대해 잘 파악하고 있어야 한다. 그래야 투자자와 원활하게 소통할 수 있다. 그러나 기업 내에 IR부서의 역할과 입지가 명확하게 되어 있지 않다면, 사업 기밀을 이유로 정보를 얻기가 쉽지 않을 때가 많다. 그럴 때는 분기 실적발표회를 기회 삼아 회사 내 여러 부분의 정보와 현황을 업데이트하는 시기로 삼으면 좋다. 실적발표회는 대외적인 언론에서도 관심을 두고 기사화가 많이 되는 사건으로, 실적 말고도 미래 전망, 현황 등이 많이 기사화 되므로 사내 여러 부서에서도 관심이 많다.

뿐만 아니라 분기 단위로 사내에 데이터를 모으고 점검하고 분기 대 분기, 전년 동기 대 변화 상황을 확인하고 점검하는 것도 경영진의 입장에서 필요하다. 회사는 경영을 위해 일 단위, 주 단위, 월 단위, 분기 단위 등 다양한 시점 단위로 경영 정보들을 모으고 분석한다. 기업마다 점검 주기가 다르지만, 회사 외부에서는 실적이 공표되는 분기 단위로 기업을 분석하고 평가한다. 월 단위는 계절성과 변동성 이 심할 수 있고, 연 단위는 너무 장기간이라, 분기 단위가 실적을 비 교 분석하기 적절하기 때문이다. 분기 실적은 일종의 성적표라고 볼 수 있다. 그런 점에서 기업 내부에서 분기 단위로 현황과 전략 방향 을 분석하고 재점검해보는 것은 의미 있는 일이다. CEO, CFO 등 기 업의 고위 경영진에게 있어서도 분기 실적 발표 자료들은 의미 있는 기업 경영 점검 자료가 될 수 있다.

■ 애널리스트 / 투자자 미팅

실적 발표가 시장 전체를 대상으로 하는 공적인 메시지라면, 애널 리스트 혹은 투자자 미팅은 덜 공식적이고 개인화된 미팅 자리이다. 이 자리에서는 실적 발표보다 훨씬 깊은 내용의 대화가 오가곤 한다. 그런 점에서 애널리스트, 투자자의 미팅 요구가 늘어난다는 것은 그 만큼 관심이 많아진다는 것이고, 특히 기업체를 방문한다는 것은 관 심이 높다는 것이므로 시간이 닿는 대로 성실하게 대응할 필요가 있 다. 이를 위해 필요한 몇 가지 팁을 정리해 보았다.

① 애널리스트는 IR의 동반자

먼저 증권사에 기업 또는 산업을 분석하는 기업분석가인 애널리스트가 IR의 주된 소통 대상이다. 애널리스트는 기업과 산업을 분석하고 이를 보고서로 작성하여 실제로 투자를 집행하는 투자자들에게 정보를 제공하는 역할이다. 기업의 규모가 작아 담당하는 애널리스트가 없거나 매우 적다면, 먼저 커버하는 애널리스트 숫자부터 늘려야 한다. 이를 위해 지속적으로 증권사에 요청하든지, 분석을 위한 자료들을 제공할 필요가 있다.

애널리스트들은 객관적인 입장에서 기업과 산업을 다각도로 분석하고 의견을 낸다. IR부서와 가장 많이 소통하는 대상이며, 새로운 뉴스가 나가거나 루머 등이 나올 때도 가장 먼저 연락을 취한다. 다만, 우리 기업을 매수(Buy)로 투자 의견(Call)을 낼 때는 기업에 대한 좋은 내용을 부각하여 보고서를 쓰지만, 우리 기업을 매도(SELL)나 중립(Neutral)으로 투자 의견을 낼 때는 기업이나 산업에 대한 부정적인 내용을 부각하여 보고서를 쓰기에 애증이 교차하기도 한다. 다만, 언제든지 투자 의견은 바뀔 수 있으므로 이에 대해서 너무 민감하지 말고, 오히려 중립이나 매도로 투자 의견을 내는 애널리스트들의 의견을 들어볼 필요가 있다. 충분히 합리적이고 통찰력 있는 의견이라면, 기업 내부에서도 이런 요인들에 대해서 점검하고 다룰 필요가 있다.

따라서 애널리스트들과 소통할 때는 기업에 유리하고 좋은 내용과 함께, 우려 사항이나 주의할 사항도 같이 이야기할 필요가 있다. 물론 친하다고 기밀 내용이나 공정공시에 위반되는 내용을 이야기하면 안 됨은 물론이다.

또한 애널리스트들과는 일방적으로 IR에서 이야기하는 일방향 커뮤니케이션을 할 것이 아니라 그들의 의견에도 귀 기울여 들을 필요가 있다. 애널리스트들은 우리 기업뿐 아니라 경쟁사를 비롯한 산업을 담당하므로 시야가 넓고 다양할 수밖에 없다. 그들을 통해 산업 동향, 경쟁사 동향 파악도 같이 할 수 있으니, 분석과 통찰에 남다른 애널리스트가 있다면 자주 소통하는 동반자 관계가 되는 것이 가장 좋다.

② 지피지기면 백전백승

애널리스트, 투자자를 만난다는 것은 IR로서 기업을 대표하여, 우리 기업에 관심 있는 상대방을 대응한다는 의미 있는 일이다. 딜에 대한 주요한 협상이나, 납품단가 협상과 같이 긴장감 넘치는 상황은 아니지만, 회사를 대표하여 미팅을 진행하는 만큼, 자신 있게 상대에 휘둘리지 않고 당당하게 대응해야 할 필요가 있다. 보통 사람들도 아니고, 기업분석, 산업분석에 도가 튼 사람들, 작게는 억대, 많게는 수백억, 수천억 원대의 연봉을 받는 사람들을 상대로 말이다.

모든 일에서와 마찬가지로 지피지기면 백전백승이라는 말이 적용된다. 즉 애널리스트와 투자자들이 어떤 관점과 어떤 툴(Tool)을 가지고 기업을 바라보고 분석하는지를 잘 알아야 이에 적절한 대응을 할 수 있다. 이를 위해서는 다방면의 지식이 필요하다. 가장 기본적으로 재무제표를 읽고 분석할 수 있어야 하고, 기업이 속해 있는 산업의 변동에 대해서도 철저하게 알고 있어야 한다. 산업과 기업에 적용된 기술과 그 변화에 대해서도 잘 알아야 하며, 산업에 영향을 미칠 메가 트렌드 변화에 관해서도 소홀히 하면 안 된다.

상당히 광범위한 지식과 이해가 필요하다. 무엇을 먼저 시작할지 모른다고 걱정할 것은 없다. 일단 미팅을 시작하라. 미팅에서 그들이 던지는 질문들을 정확히 이해하고 답변할 수 있다면 문제없다. 다만, 조금이나마 미심쩍거나 잘 모르는 부분이 있다면, 미팅 이후에 이를 파악해 보자. 특히나 한 명이 아닌 여러 명이 같은 이야기를 한다면 매우 중요한 사안이라고 할 수 있다.

아인슈타인은 '올바른 질문이 가장 중요하다'고 말한 바 있다. 질문만 정확하면 답을 찾는 건 쉬운 일이라고 한다. IR업무에서 좋은 점 중의 하나는 애널리스트, 투자자들이 끊임없이 질문을 해온다는 것이다. 계속해서 새로운 질문은 나온다. 경영 환경이 변화하고, 트렌드가 변화하기 때문에 당연한 일이다. 새로운 질문이 나올 때마다 그 질문을 정확하게 이해하고 이에 대한 올바른 답을 찾는 것, 혹여나 기업에 답이 없다면 답을 찾을 수 있게 준비하는 것, 이것이 IR업무에서 가장 중요한 과정이 아닌가 싶다.

③ 긍정적인 측면뿐 아니라 부정적인 측면도 같이 전달하자

IR을 마케팅, 홍보 관점에서 접근하다 보면, 좋은 이야기, 긍정적인 측면만 전달하려고 할 수 있다. 상대하는 애널리스트나 투자자가 바보가 아닌 이상 좋은 점보다는 우려되거나 걱정되는 부분을 더욱더 집요하게 파고든다. 이럴 때 지나치게 낙관적이고 희망적인 관점으로 청사진만을 보여주면 신뢰성을 떨어뜨릴 수 있다.

특히나 기업의 전략 방향은 어느 기업이나 희망과 꿈을 가지고 목표를 수립하고 실행계획을 수립한다. 하지만 경영 환경이 변화하거나 계획을 실행하는 데 있어서 우려스러운 부분이 발생해 예기치 못한 방향으로 흘러갈 수도 있다. 회사에서 예상컨대 우려되는 점이 있으면, 공개 가능한 수준에서, 선제적으로 이야기할 필요가 있다. 이미 열심히 분석한 외부 투자자나 애널리스트들은 그 포인트를 알고 있는 경우가 더 많다. 이때 그런 일이 발생한다면 기업은 어떤 식으로 대응할 것이라는 대응 전략이 무엇보다 중요하다.

부정적인 내용과 긍정적인 내용이 있으면, 부정적인 내용을 먼저 말하는 것이 좋다. 그러고 나서 '그런 어려움은 있겠지만, 이런 방법으로 대응해 나가려고 한다. 그렇게 되면 우리는 ~~ 이렇게 될 수 있다.' 이렇게 이야기하면 기업에서는 환경 변화와 우려 사항은 이미 잘 알고 있고, 이미 대응방안도 다 수립되어 있는 매우 사려 깊은 기업으로 보일 수 있다.

실제로 애널리스트들이나 투자자들이 제기한 우려 사항을 IR담당자가 처음 듣거나, 이에 대응할 방안이 없다면 어떻게 해야 할까? 만약 그들이 제기한 점이 상당히 타당하다면 이에 대해서 내부 유관부서, 경영진에게 보고하도록 하자. 산업과 경쟁사 등 다양한 관점에서 바라보고 나서 짚은 것이라면 기업 차원에서도 대비책을 세울 필요가 있다.

④ 보조 자료를 활용하자

미팅의 목적은 내가 알고 이해하고 있는 사안들을 오해 없이 효과적으로 상대방에게 전달하는 것이다. 따라서 질문한 내용에 대해 정확한 답변을 논리적이고 조리 있게 잘하는 것이 우선 중요하다. 다만 언어가 가지는 한계가 있으므로, 답변이 길거나 복잡하면 듣는 사람이 착각하거나 혼란스러울 수도 있다.

이럴 경우를 대비하여, 보조자료를 활용해 보자. 특히나 시각 보조 자료는 매우 유용하다. 시계열 트렌드를 한눈에 보여주는 차트, 항목에 대해 일목요연하게 정리된 슬라이드 등이 있으면 굳이 많은 말을 하지 않아도 듣는 사람은 한눈에 이해가 된다. 따라서 자주 질문하는 FAQ나 중요한 사항, 복잡한 사항들은 미리 도표와 슬라이드를 만들어서 필요할 때 꺼내서 활용하자.

뿐만 아니라 혹시나 제품의 샘플, 마케팅 자료, 동영상 등의 자료가 있으면 더욱 좋다. 이때 IR부서에서 자체적으로만 IR자료를 만들 것이 아니라, 마케팅부서, 홍보부서와 협업해 보자. 좋은 자료들을 많이 활용할 수 있는 것은 물론, 예산도 줄일 수 있다.

만약 가능하다면 애널리스트, 투자자들과 우리 기업의 공장 투어, 현장 투어 등을 한다면 기업에 대한 이해도를 더욱 높일 수 있다.

⑤ 컨퍼런스콜, 비디오 컨퍼런스를 활용하자

코로나19 시기, 대면 미팅이 제한되고 나라 간에 이동이 제한되었을 때 많은 IR미팅이 컨퍼런스콜이나 비디오 컨퍼런스로 진행이 되었다. 코로나 이후 대면 미팅이 다시 증가했지만, 지역 간에 장벽이 있거나, 시간을 효율적으로 활용하기 위해 컨퍼런스콜은 여전히 활용이 많은 방안이다.

컨퍼런스콜의 장점은 공간적 제약이나 상당 부분 시간적 제약 없이 손쉽게 이루어질 수 있는 점이다. 또한, 1대1 미팅뿐 아니라 1대다(多)의 그룹미팅도 제약 없이 할 수 있으며, 시간대만 맞으면 세계 여러 곳의 투자자와 동시에 소통할 수 있다. 또 하나는 컨퍼런스콜은 직접 방문보다 시간적, 비용적 낭비가 적어서 투자자가 이를 통해 다양한 기업과 손쉽게 소통할 수 있다는 것이다. 따라서 과거에는 투자자가 몇몇 대기업과 미팅하느라 바빴다면, 이제는 여러 다양한 기업들과도 소통할 기회가 생겼다고 볼 수 있어, 상대적으로 투자자를 만날 기회가 적었던 회사는 이를 적극적으로 활용해 볼 필요가 있다.

다만 전화로만 하는 컨퍼런스콜일 경우, ① 상대방 반응을 직접적으로 감지하기가 어려우므로 다분히 일방적인 커뮤니케이션이 될 수밖에 없다는 짐, ② 말을 통해서만 진행되다 보니 아무래도 미팅 참여자의 집중력이 떨어질 수밖에 없다는 점, ③ 장비나 인프라의 문제로 지연 발생 등 기술적 이슈로 인한 커뮤니케이션의 교란 등이 있어 커뮤니케이션 효율이 많이 떨어진다는 단점이 있다.

이런 단점을 메꾸기 위하여 음성과 영상을 동시에 전송하는 화상회의를 사용하는 경우가 점점 증가하고 있다. 화면을 통해 얼굴을 보면서 진행을 하게 되면 확실히 음성으로만 진행될 경우보다는 상대의 반응을 조금이나마 감지할 수 있고, 미팅에 대한 집중력도 더욱 높일 수 있다. 다만, 화상회의를 위해서는 인프라 측면에서 지원이 되어야 더욱 원활한 진행이 가능하다. 카메라, 마이크 등의 하드웨어뿐 아니라, 화상회의 프로그램이 서로 맞아야 쌍방향 커뮤니케이션이 가능하다. 또한, 회사 내에서 진행 시 네트워크 보안 문제로 외부와 접속이 안 되는 경우도 많다 보니, 이러한 여러 가지 기술적인 문제들을 해결해야 활용할 수 있다는 성가신 점은 있다.

또한 음성으로만 하든, 화상으로 하든, 청각에 지나치게 의존을 많이 하게 되어 미팅에서의 집중력이 많이 떨어진다. 이럴 때는 시각적인 서면 자료를 활용해 보자. 꼭 소통하고 싶은 내용은 미리 시각적인 자료로 만들어 회의 전에 배포하고 그 자료를 같이 보면서 필요하면 선제적으로 설명을 하던가, 아니면 관련된 질문이 나왔을 때 해당 자료를 펼쳐서 소통하게 되면, 전달하고 싶은 메시지를 더 명확하게 전달할 수 있으며, 미팅 상대방도 더 집중력 있게 미팅에 참여할 수 있게 된다.

■ 로드쇼

로드쇼는 투자자를 만나기 위해 적극적으로 길을 나서는 것을 말한다. IPO나 채권발행처럼 특정한 거래(Deal)가 있다면 '딜 로드쇼(Deal Roadshow, DR)'라 하고 특정한 딜이 없이 투자자들을 찾아 나서는 것을 '논 딜 로드쇼(Non-Deal Roadshow, NDR)'라 부른다. 실적 발표 이후 국내 기관을 대상으로 방문 다니는 로드쇼도 있지만, 평소에는 잘 만날 수 없었던 해외 지역을 방문하여 로드쇼를 진행하는 것이 더 진정한 의미의 로드쇼이다. 뉴욕, 보스턴, 런던, 싱가포르, 홍콩과 같이 세계적으로 금융시장이 발달한 지역들을 돌아다니며, 그곳의 투자자들과 치열하게 토론하는 것, 이것은 IR업무의 꽃이자 정점이라 할 수 있겠다.

기업 혼자만으로는 로드쇼를 기획하고 실행하기가 상당히 어려우며, 증권사들과 협력하여 진행한다. 증권사들로서는 기업과 함께 고객을 방문하기 때문에 영업에 상당히 도움이 되므로, 특별한 경우가 아니면 적극적으로 협력해준다. 해외 로드쇼의 경우 해외 증권사 또는 해외 영업을 하는 국내 대형 증권사 중에서 협력할 곳을 정해보자.

● 방문 지역별 특색을 파악하자

방문 가능한 지역으로는 크게 3권역으로 나눌 수 있다.

권역	주요 도시	추가적으로 방문 가능 도시
아시아	홍콩, 싱가포르	쿠알라룸푸르, 도쿄, 시드니, 멜버른
미주	뉴욕, 보스턴, 샌프란시스코	시카고, 토론토
유럽/영국	런던, 에든버러, 파리	프랑크푸르트, 취리히, 밀라노, 아부다비

지역마다 투자자별 특색이 있는데, 대체적으로는 한국에 가까울수록 투자자들이 단기적인 성향이 강하며, 한국에서 멀어질수록

중 · 장기 위주의 성향을 지닌다. 예를 들어 영국의 에든버러 같은 도시는 일찍이 금융이 발달한 도시라, 오래된 금융기관들이 많다. 한국과 거리도 멀고 시차도 먼 이곳 투자자들이 한국의 기업들의 단기 트렌드를 쫓아서 투자하기에는 한국이나 아시아 투자자들과 비교하여 경쟁력이 없다. 이들은 더욱 긴 호흡으로 자신들만의 기법으로 기업을 분석하여 중 · 장기 관점에서 투자 의사결정을 하기 때문에 관심 분야와 질문이 다를 수밖에 없다.

아시아는 대표적으로 홍콩과 싱가포르를 꼽을 수 있는데, 이 지역은 자체 펀드들도 있지만, 미국과 유럽의 대형 기관, 헤지펀드들의 지역 사무실이 많다. 헤지 펀드들은 이곳에서 투자 의사결정을 직접 하기도 하고, 대형기관 소속 투자자들은 아시아 지역 기업들을 분석한 자료들을 본사 펀드 매니저에게 공유하는 역할을 하기도 한다. 그러다 보니 한국인 매니저들도 많고, 한국 회사의 현황들에 대해서 상당히 깊이 잘 알고 있으며, 단기 실적 변동에 관심이 많으며 뉴스, 루머들도 한국과 거의 실시간으로 전파되고 있다. 뿐만 아니라 헤지 펀드들은 롱/숏 전략[3]이나 투기적 공매도와 같은 공격적 전략을 구사하기 때문에 매수뿐 아니라 매도 관련 뉴스와 흐름에도 관심이 많다.

이 외 방문할 만한 아시아 지역은 자체 연기금이 발달한 말레이

---

3 주식의 매수와 (공)매도를 같이 하는 전략

시아 쿠알라룸푸르와 역시 자기 자본이 커지고 있는 호주의 시드니와 멜버른을 들 수 있다. 최근 해외투자가 많이 줄었지만 일본 도쿄도 전통적으로 방문할 만한 방문지다. 홍콩과 싱가포르는 미팅 수요가 가장 많은 곳이므로, 방문 계획 시 빠짐없이 들어가지만, 다른 도시들은 수요를 확인한 후 방문계획을 수립할 필요가 있다. 호주는 원자재, 일본은 제조업이 발달한 나라로 관련 산업이라면 산업 정보 확인 겸 방문 기회를 적극적으로 살펴보는 것이 좋다.

미주에서 반드시 방문해야 할 도시는 전 세계에서 금융이 가장 발달한 뉴욕이다. 이곳은 헤지 펀드들, 중·장기 펀드들, 여러 기관이 모여 있으며, 미주 지역을 방문할 때 절반 이상의 시간을 보내는 곳이다. 그다음은 보스턴으로 이곳 역시 피델리티(Fidelity)나 웰링턴(Wellington) 같은 전 세계적인 기관들의 본사가 자리 잡고 있다. 이외에도 샌프란시스코, 시카고나 캐나다의 토론토 등도 방문해 볼만 도시들이다. 다만 보스턴이나 그 외 도시들에서는 뉴욕보다는 장기적 관점에서 투자하는 경향이 많다.

유럽/영국의 경우는 런던이 가장 주요 도시이다. 영국에 영국계를 비롯해 유럽계의 주요 기관들의 사무실이 있어서 런던은 유럽지역에서 미주지역의 뉴욕만큼이나 중요도를 지니고 있다. 다만, 영국이 EU를 탈퇴하고 나서는 유럽계 펀드들은 런던 사무실의 비중을 줄이고 자국 내 역할을 강화하고 있어, 유럽의 여러 도시에서의 수요가 조금씩 늘어나는 추세이다. 다음으로 중요한 도시는 영국 에든버러이다. 일찍이 금융이 발달한 도시로, 몇몇 주요 기관들이 있다. 에든버러의 기관들은 한 번 투자하면 최소 2~3년 이상을 장기 투자하는데, 그만큼 투자 대상을 선별하는 것이 까다롭다. 중·장기 전략 방향, 재무 구조 그리고 CEO 등 최고 경영자들의 자질에 관심이 집중되어 있어, 다른 지역 투자자들로부터는 듣기 어려운 질문들을 하는 경우가 많다. 생소한 스코틀랜드 악센트로 까다로운 질문들을 하는 에든버러 투자자와의 미팅이 전 세계에서 가장 난이도 높은 미팅이 아닌가 싶다.

영국의 EU 탈퇴 이후, 런던이 유럽의 중심 금융도시의 기능이 약해지면서, 유럽계 펀드들은 자체적인 투자의사 결정을 늘리고 있다. 따라서 유럽 내 주요 도시들을 방문할 필요가 증가하고 있다. 대표적인 도시는 프랑스 파리로서 아문디(Amundi) 같은 대형 기관들이 있다. 또한, 연기금이 발달한 네덜란드 암스테르담, 스위스 취리히, 독일 프랑크푸르트, 이탈리아 밀라노 등도 방문을 계획해 볼 만한 도시들이다. 2022년 이후 중동 지역도 새로운 방문 지역으로 떠오르고 있는데, 최근 2~3년간 유가 상승에 따라 많은 부를 축적한 중동계 자금들이 외부 투자 기회를 활발히 찾아보고 있다. 아부다비, 두바이 등이 방문할 만한 도시이다.

● 방문 계획을 수립하자

방문 계획은 기업에서 생각하는 타겟 지역과 실제 투자자로부터 미팅 수요가 있는지를 판단하여 수립하여야 한다. 예를 들어 기업에서는 연기금 등 중·장기 펀드들이 더 선호하는 주주 구성이라고 할 수 있어, 유럽을 1차 방문지로 선호할 수 있지만, 이곳 투자자들이 우리 기업을 만날 니즈가 있느냐를 현실적으로 고려할 필요가 있다.

먼저 우리 기업의 주주 구성을 보고 어느 지역 주주들이 많은지를 살펴보고, 1차적으로는 이들 지역을 타깃으로 삼으면 좋다. 다만, 국적은 미국계, 유럽계 기관이라도, 기업을 분석하는 담당자는 홍콩, 싱가포르 등 아시아 사무소에 있는 경우도 많으니 이런 부분은 확인이 필요하다. 또한, 우리 기업이 속해 있는 산업과 연관성이 있는 지역이 있다면, 역시 고려해 볼 만하다. 그 지역의 투자자들이 아무래도 관련 산업에 대해 지식이 많을 수 있으며, 이에 따라 관심도 많을 수 있다.

외국에 로드쇼를 한 번도 나가본 적이 없다면 우선적으로 홍콩, 싱가포르의 방문을 고려하자. 이곳은 한국인 매니저들도 많고 최신 정보도 빠르며 질문들도 한국 내 기관투자자와 크게 다르지 않아 시작으로 삼기 좋다.

2단계로는 미국 로드쇼를 계획해 보자. 가장 금융이 발달한 뉴욕을 중심으로 방문 일정을 잡고, 보스턴도 수요가 있는지 태핑해 보자. 미국을 많이 갔던 기업이라면 뉴욕, 보스턴 외 다른 도시들도 한 번씩 태핑해 볼 필요는 있다. 실제 토론토도 기관이 많이 증가하여 수요가 많이 나오고 있다. 마지막으로 영국과 유럽 지역을 계획해 본다. 런던을 중심 도시로 잡고 2~3일은 런던을 계획하고, 나머지 2~3일은 다른 도시들의 수요를 태핑하면서 계획을 짜보자.

● 키 메시지를 준비하자

로드쇼를 통해 해외를 방문하게 되면, 처음 만나는 투자자들도 많이 있을 것이다. 나름 산업과 기업에 대해 공부한 투자자도 있지만, 크게 공부가 안 되어 있고 한 번 만나나 보자는 투자자도 있을 것이다. 이럴 때 바로 Q&A로 진행하기보다는 먼저 기업이 강조하고 싶은 메시지를 준비하자. 현재 상황은 어떻고 앞으로의 전략 방향은 이러하다는 식의 5분 이내 메시지를 준비한다. 말을 하면서 이를 뒷받침할 수 있는 도표, 자료가 있으면 더욱 좋다. 2~3페이지 정도 준비해서 자료를 보면서 설명하면 이해가 빠르다. 이렇게 5분 정도 하이라이트를 말하고 나서 그 다음을 진행하면 미팅 진행이 훨씬 원활하고, 원하는 방향으로 이끌어 갈 수 있다.

① 언어 장벽을 극복하는 법

해외 로드쇼를 계획하면서 가장 큰 장벽 중 하나가 언어일 수 있다. 실제로 대부분 영어로 미팅이 진행되므로, 영어에 유창한 경우 전혀 문제없지만, 영어에 부담을 많이 느끼는 사람들도 있을 것이다. 누구나 처음부터 잘하는 사람을 없을 것이다. 영어 역시 마찬가지로 잘 준비하고 도전해 보자. 생각보다 어렵지 않음을 느낄 수 있다. IR 미팅은 영어를 연습하기에 가장 좋은 방식 중 하나이므로, 미팅을 하면 할수록 확실하게 실력이 향상되고 있다는 것을 느낄 수 있다.

a. 주요 답변 및 표현에 대해서는 미리 준비해 놓자

주요 표현들에 대해서는 미리 공부해 놓을 필요가 있다. 사실 산업 용어, 업계 용어는 기업에서도 많이 사용하기 때문에 낯설지는 않을 것이다. 사업 현황 및 전망을 설명하는 자주 쓰는 표현들은 따로 정리하여 숙지한다. 굳이 어려운 표현을 쓸 필요 없으며, 목적은 명쾌한 의사소통이므로 쉬운 표현을 반복적으로 사용하는 것이 좋다. 주요 표현들은 타 기업의 영문 컨퍼런스콜, 영문 애널리스트 리포트를 참조하면 잘 나와 있다.

b. 투자자들은 열심히 이해하려고 노력한다

투자자들이 기업을 만나는 이유는 하나라도 더 정보를 듣기 위해

서이다. 전세계 여러 나라의 여러 기업에 투자를 많이 하는 이들은 많은 다양한 기업들을 만나고, 그들의 영어 실력이 다 좋다고는 할 수 없다. 따라서 영어가 다소 서툴더라도, 이들은 인내심과 이해심을 가지고 열심히 들으려고 노력한다. 투자자가 한 질문을 잘못 알아들으면 넘겨짚지 말고, 다시 한 번 질문해 달라고 요청하자. 대부분은 더 천천히 알아듣기 쉽게 이야기해 줄 것이다.

c. 로드쇼는 영어 실력 증진의 지름길

로드쇼는 보통 1주일 동안 수십 건의 미팅을 진행한다. 투자자별로 관심사가 달라 미팅 내용이 조금씩 다르기는 하지만, 주요 내용은 공통적으로 논의된다. 따라서 같은 주제의 내용을 1주일 동안 수십 번 반복하게 된다. 이렇게 집중적으로 반복 연습을 하게 되면, 로드쇼 기간 동안 영어 실력과 자신감은 상당히 증진된다. IR활동을 통해 업무 수행과 함께 영어 실력 증진이라는 두 마리 토끼를 잡아보자.

d. 그래도 안되면 증권사의 도움을 요청해 보자

영어로 하는 것이 너무 부담스럽다면 통역 사용을 고려해본다. 토의되는 내용이 전문적이기 때문에 일반 통역사 활용은 권장하지 않는다. 가장 좋은 것은 증권사의 담당 애널리스트이다. 투자자도 잘 알고, 산업과 회사도 잘 아니 이를 활용하는 것이 가장 좋다. 또한, 증권사 영업 등 다른 직원들을 활용할 수 있다면 좋다. 처음에는 전부 다 통역을 맡기다가, 조금씩 익숙해지면 영어로 말하는 비중을 높여 가보자.

② 경영진의 참여를 유도하자

로드쇼에 경영진의 참여를 유도해 보자. 해외 투자자들의 경우 경영진과의 미팅을 상당히 중요하게 생각한다. 경영진의 철학과 전략 방향을 직접 듣고, 경영진의 자질을 판단하는 것이 기업을 평가하는데 매우 중요한 요소이기 때문에 그러하다. IR부서에서 여러 번 나가는 것보다 경영진이 한 번 나가면 훨씬 더 의미 있는 성과를 거둘 수 있다.

경영진 입장에서는 해외 투자자를 만나는 것은 큰 부담일 수 있다. 하지만 경영진 입장에서도 이러한 미팅이 유용할 수 있는 것이, 해외 투자자들이 상당히 좋은 질문들을 던진다는 것이다. 해외투지자들도 경영진을 만난다고 하면 나름대로 공부를 하고, 시니어 투자자라면 이미 다른 글로벌 회사 경영진들을 만난 경험들이 많다. 또한, 산업 동향이나 회사 상황을 어느 정도 아는 투자자라면, 현황에 맞게 매우 날카로운 질문들을 던진다. 매일매일 기업의 현안을 다루느라 눈코뜰 새 없이 바쁜 경영진의 입장에서는, 회사와 산업을 잘 아는 전문가가 던지는 질문들은 그동안 생각지 못한 기업의 중·장기적이고 전략적인 관점들을 많이 생각하게 해준다. 기업 홍보가 목적이었지만, 오히려 좋은 아이디어와 팁을 얻어가는 경영진이 상당히 많고, 한 번 이런 경험을 한 경영진은 주기적으로 투자자들을 만나 아이디어를 얻어간다. IR 입장에서는 통찰력 있는 좋은 투자자를 선별하여 미팅을 주선하는 것이 무엇보다 중요하다.

③ 증권사 컨퍼런스를 활용하자

여러 도시를 돌면서 여러 투자자들을 찾아다니는 것은 대단히 노력과 에너지가 많이 들어가는 일이긴 하다. 더욱 쉽고 간편하게 투자자를 만나는 기회로는 증권사에서 개최하는 컨퍼런스가 있다. 컨퍼런스는 특정 기간에 투자자와 기업을 한자리에 모아 놓고 서로 미팅을 연결해준다. 기업이나 투자자나 많이 돌아다니지 않고 한자리에서 여러 개의 미팅을 집중해서 할 수 있으니, 이동의 수고가 덜하다. 해외 증권사들은 홍콩, 싱가포르, 뉴욕, 런던 등 주요 도시에서 컨퍼런스를 개최하고 있고, 서울에서도 해외 투자자를 초청하여 개최할 때도 상당수 있다. 미팅 일정 잡기가 덜 수고스럽다는 장점은 있지만, 원하는 투자자가 참석하지 않는 경우가 많고, 우리 기업에 관심이 있기보다는 다른 회사 상황, 산업 현황을 더블 체크하려는 영양가 없는 투자자도 많이 있긴 하다.

■ 개인투자자 대응

최근 주식에 직접 투자하는 개인투자자의 비중이 증가추세에 있다. 그러다 보니 개인투자자들이 회사에 직접 연락 오는 일이 많아지고 있다. 주주별로 퀄리티를 따지는 것은 적절치 않으나 회사 차원에서는 여러모로 연기금과 같이 한 번 사면 오래 보유하는 장기 보유 주주가 많을수록 주가가 안정적이므로 좋다고 볼 수 있다. 그런 의미에서는 개인주주는 대체적으로 손바뀜이 많은 편이다.

산업과 기업에 대해 나름대로 공부를 하고, 본인의 투자 원칙에 따라 투자하는 부지런한 개인투자자도 있다. 이런 주주들로부터 전화가 와서 주요 사항을 확인하고 전망을 물어보는 진지한 대화는 IR부서 입장에서는 언제든지 환영이다.

다만 깊은 생각 없이 투자 의사결정을 하고는, 주가가 하락할 경우 회사에 전화해서 비상식적인 이야기를 하는 개인주주들도 많지는 않지만 간혹 있다. 실제로 주가가 하락힐 때 개인주주로부터 연락이 많이 오는데, 주가 하락에 마음이 상한 개인주주들이 막무가내 주장을 하거나, 분풀이나 하소연을 하거나, 심지어 욕설을 하는 일도 있다. 기업을 대표하여 개인주주들과 진지하고 성숙한 대화를 하는 것은 언제든지 환영이지만, 일부 몰지각한 개인주주들로부터 막무가내식의 소통은 받아주기 힘들다. 그렇다고 전화를 끊거나 무시하면, 다른 경로를 통해서 항의하는 경우도 있다. 어떻게 하면 좋을까?

IR부서에서 개인주주 대응 매뉴얼을 만들어 본다. 어느 선을 넘어가면 개인주주의 터무니없는 요구나 대화에는 응하지 않는다. 욕설을 하면 1차 경고 후 전화를 끊는다든지 몇 가지 발생할 수 있는 상황을 가정하여 행동 지침을 만든다. 필요하다면 녹음을 하고 녹음하는 것을 공지한다. 이런 매뉴얼을 작성 후 회사 내 윤리 부서나 감찰 부서 등과도 사전에 교감해서 이런 매뉴얼에 따라 처리됨을 알리는 것도 좋다.

개인투자자와의 대화 속에서 절대 금해야 하는 것은, 우리 기업에 대한 투자 시점 문의나 주가 전망을 하지 않는 것이다. '6개월 정도면 주가가 오를 거예요' 등과 같이 막연한 전망이라도 하면 안 된다. 이 말을 듣고 혹시나 투자자가 주식을 매수하고, 주가가 하락했을 때 책임을 물을 수도 있다. 대화의 주제는 회사의 현황, 전략 방향에 대해서 다른 기관주주들과 같이 일관된 톤으로 이야기해야 할 것이다.

5. IR전문가로서의 역량

IR전문가로서 필요한 역량은 무엇일까? IR업무는 스페셜리스트(Specialist)보다는 제너럴리스트(Generalist)에 더 가깝다고 볼 수 있다. 사실 스페셜리스트보다 좋은 제너럴리스트 되기가 더 오랜 시간이 걸리고 어렵다. 왜냐하면, 그 범위와 깊이에 끝이 없기 때문이다. 투자자들과 같은 선상에서 대화를 나누려면 그들과 비슷한 수준의 지식과 역량을 갖추어야 하며, 새로운 뉴스, 트렌드에 대해서도 끊임없이 공부해야 한다. 주요 역량을 살펴보면 다음과 같다.

■ 재무분석 지식

투자자들이 기업을 분석하는 가장 기본사항인 재무제표를 읽고 해석할 수 있어야 한다. 우리 기업에 대한 상황뿐 아니라 다 기업들의 재무제표를 보고 이 기업이 어떤 상황인지 파악할 수 있어야 한다. 또한, 기업을 분석하고 평가하기 위한 가치평가(Valuation) 방법론도 어느 정도는 알고 있어야 투자자들의 질문을 이해할 수 있다.

■ 산업에 대한 이해

우리 기업이 속해 있는 산업에 대해서는 물론 잘 숙지해야 한다. 산업의 기본적인 공급, 수요뿐 아니라 산업을 이해하기 위한 가장 기본적인 프레임은 마이클 포터의 '5 Forces'가 있다. 해외투자자의 경

우 실제로 이런 프레임을 머릿속에 두고 질문을 던지는 투자자가 꽤
많다.

① 산업내 경쟁 강도
② 신규 경쟁자
③ 대체재
④ 부품 공급자
⑤ 고객

이 5가지가 어떤 산업의 매력도를 판단하는 요소로, 투자자들이
던지는 수많은 질문이 이 5가지 항목들로 정리될 수 있다. 각각 요소
들의 근원적인 변화에 따라 산업의 매력도가 좋아질 수도 나빠질 수
도 있고, 그때가 투자의 타이밍이기도 하다. 우리 기업이 속한 산업
에 대해서 이 정도는 파악하고 변화 여부를 지속적으로 업데이트할
필요가 있다.

1) 법적인 규제사항

공시를 수행하거나 주주총회를 하는 경우 관련한 규정에 대해서
정확하게 알 필요가 있다. 법적인 의무를 수행하지 않았을 때의 벌칙
이 있으므로 이 부분에 대해서는 더욱 주의가 필요하다.

2) 매크로, 트렌드의 변화

우리의 직접적인 산업은 아니더라도, 매크로(Macro), 트렌드 변화에도 관심 둘 필요가 있다. 매크로나 소비자 트렌드는 직접적으로 또는 돌고 돌아서 우리 산업과 기업에 영향을 미칠 수밖에 없다.

3) ESG

최근 들어 ESG가 화두가 되면서, 특히 투자자들의 ESG 관점에 입각한 문의가 증가하고 있다. ESG 각 항목에 맞게 자주 묻는 질문(FAQ)을 정리하는 것이 필요한데, 생각보다 분야가 광범위해서 별도 스터디가 필요하다.

■ 커뮤니케이션 역량

IR은 소통 전문가이다. 지식과 노하우기 아무리 많더라도 소통을 잘 못 하면 아무 소용이 없다. 상대방에게 효율적이고 효과적으로 메시지를 전달할 수 있는 커뮤니케이션 역량이 필요하다. 이러한 역량에는 상대방의 질문의 요지를 파악하는 능력, 말하고자 하는 바의 논리적 구성과 흐름, 알아듣기 쉬운 적절한 말의 속도와 톤, 그리고 어학 역량 등이 있다. 사실 이러한 커뮤니케이션 역량은 회사일을 하면서 매우 중요한 역량이다. IR업무는 이런 역량을 키우기 위해 매우 좋은 환경이므로, 이 기회로 삼아 커뮤니케이션 역량을 향상해 보자.

이러한 역량을 잘 키우는 방안은 첫째, 주요 주제에 대해 논리적인 답변을 미리 생각해 본다. 둘째, 실제 미팅진행에 대해 주위의 피드백을 받아본다. 실제로 투자자 미팅에 본인뿐 아니라 동료가 들어간다면, 꼭 솔직한 피드백을 요청하자. 그리고 보완점은 보완하자. 셋째, 본인이 한 말을 녹음하여 들어보자. 다른 동료로부터 아주 진솔한 피드백을 기대하기는 쉽지 않다. 자칫 잘못하면 의가 상할 수도 있기 때문이다. 그럴 때 본인이 직접 들어보자. 들어보면 낯부끄러운 순간이 많지만, 개선점은 확실히 깨닫게 된다.

6. IR활동 평가

어떤 업무든 주기적으로 목표 대비 업무 진행 상황이 어떻게 되는지 확인해야, 현재 수준을 판단하고 더 올바른 방향으로 미래 업무 목표를 수립하고 실행해 나갈 수 있다. 다만, 여타 스태프의 업무가 그러하듯이, IR업무 수행에서의 적절한 평가 기준을 찾기가 아주 쉽지 않다.

언제나 어떤 기업에나 적용되는 하나의 평가 지표를 정의하기는 매우 어려우므로, 각 기업이 추구하는 IR의 지향점과 목표 그리고 단계에 따라 필요한 몇 가지 지표를 복합적으로 사용하는 것이 더 현실적인 방안이라고 할 수 있다. 설정한 목표 지향점을 달성하기 위한 중간 목표인 마일스톤을 단계별로 설정하는 것도 의미 있다. 사실 IR활동의 목표가 '긴밀한 소통을 통한 주주, 투자자와의 신뢰 구축' 이라는, 쉽게 그 결과치를 계량화하기 어려운 것들이므로, 이를 위한 IR활동들을 정의하고, 이런 노력의 정도를 측정하는 것도 의미가 있을 것이다.

무엇보다 선행해야 할 것은 IR을 통해서 얻고자 하는 목표를 설정하는 것이다. 향후 3~4년간의 중·장기 지향점을 설정해 보고, 연도마다 세부적인 마일스톤을 설정해 보자. 이에 따라 설정해야 하는 평가 지표는 매우 다를 수 있으며, 우리 기업의 IR이 발전해 가면서 필요한 목표 수준과 행동들도 달라지므로 평가 지표도 그것에 맞게 바꿔 나갈 필요가 있다.

생각해 볼 수 있는 평가 지표들은 다음과 같다.

● **주가 관련 지표 : 주가, KOSPI 상대 주가, 경쟁사 대비 주가**

IR의 활동 지표로서 주가를 가장 먼저 생각해 볼 수 있다. 가장 손쉽게 측정할 수 있는 항목 중의 하나이다. 기업의 규모가 작고 시장에 덜 알려진 경우에는 IR활동을 통해 투자자의 관심을 환기시키고, 궁극적으로 투자자가 늘어나서 주가가 올라가는 경우도 있을 것이다. 다만, 궁극적으로 주가는 기업의 가치에 따라 움직이고, 중단기적으로는 시장, 수급상황 또는 매크로, 금리 같은 외부 변수 등의 영향을 많이 받는다. 따라서 절대 주가만을 지표로 삼기에는 평가 지표로서 부적절할 수 있다. 시장 대비 상대 주가, 경쟁사, 또는 산업 내 평균 주가 대비 주가 동향 등은 고려해볼 만하다. 다만, 주가만을 과도하게 평가 지표로 삼는 경우 단기적인 주가를 올리기 위해 무리한 활동들을 할 수 있으므로, 주가는 IR활동 초기에만 하거나 아니면 참조만 하는 정도가 적절할 것이다.

● **주주구성 관련 지표 : 기관/외국인투자자 지분율, Target 주주 지분율**

IR활동은 아무래도 국내외 기관투자자에 집중되는 경우가 있고, 연기금, 해외 Long Fund들 같은 중·장기 위주의 투자자가 많아지는 것이 주주구성상 더 안정적이므로 이들의 지분율이 중요하다. 따라서 IR활동의 결과를 측정하는 주요 지표로서 사용할 만하다. 특히나 외국인

투자자의 비중을 높이기 위해서 해외 NDR 등 활동을 많이 하는 경우 외국인 지분율의 변화를 측정하는 것은 상당히 유의미하다.

- **정보 제공에 관한 지표 : 커버하는 애널리스트 수, 리포트 발행 건수, 리포트 내 기업 주요 메시지 반영 정도**

아직 애널리스트의 커버리지가 부족하거나 관심도가 떨어지는 경우 애널리스트를 대상으로 한 활동을 강화할 필요가 있다. 물론 회사가 너무 작거나 관심을 둘만 한 사업 아이템이 없다면, 억지로 한다고 해서 될 것은 아니지만 그래도 내부적으로 애널리스트나 시장의 관심을 끌 만한 요소를 발굴하는 것도 유의미하다. 다만 실제는 보잘것없는데 메시지만 그럴싸하게 만드는 것은 의미가 없다. 이는 오히려 시장을 호도하거나 금방 들통이 난다. 아무리 포장해도 시장의 관심이 없는 사업만 있다고 판단된다면, CEO부터 경영진이 깊게 고민해보고 사업 포트폴리오를 조정하는 것도 의미가 있다. 물론 특별히 시장의 관심이 필요하지 않고, 우리 기업이 탄탄하고 안정적으로 잘 운영되고 있다면, IR의 목표부터 다시 설정해볼 필요가 있다.

- **IR활동 노력 정도에 관한 지표 : 미팅 횟수, 실적 발표 횟수, 경영진 IR활동 횟수 등**

활동 결과를 측정하기가 쉽지 않으므로, IR활동의 노력을 측정하는 것도 의미가 있다. 어렵지 않게 측정할 수 있는 투자자 미팅 횟수 같은 경우는 어느 회사나 활용할 만하다. 수동적으로 미팅 요청 있을 때만 미팅 하는 경우에는 그 목표를 달성하지 못할 수 있으므로, IR 활동을 보다 주도적으로 진행하게 된다. 다만, 단순 횟수만으로는 미팅의 질적인 부분은 측정하지 못하는 한계는 있다.

- **IR의 내부 전략적 활동 지표 : 인바운드 활동 횟수 등**

IR을 활용하여, 기업 내부 향으로 전략적인 인바운드 활동을 전개하는 경우에는, 이러한 행동들을 측정하는 지표를 사용하는 것도 좋다. 인바운드 활동이 여러 측면이 있겠지만, 내부 보고서 작성 횟수, 경영진 보고 횟수 등을 지표로 삼는 것도 좋다.

이 외에 더 다양하고 창의적인 평가 지표가 있을 수 있다. 기업마다 IR의 목표와 진행 정도가 다를 것이다. 이에 따라 몇 가지 목표를 정의하고, 가중치를 두어서 설정해보자. 또한, 목표와 상황이 바뀐다면, 평가 지표들을 바꿔 나가는 것도 의미가 있다. 기업의 상황에 맞게 중점적으로 추진해야 할 목표와 설정할 만한 목표 지표들을 예시로 정리해 보았다. 참고하시기를 바란다.

단계 및 상황	FOCUS POINT	적용 가능 KPI
1 단계 · 신규 상장 · 회사 인지도 ?	· 회사인지도 향상 · Analyst/투자자 coverage 확대	· Analyst 리포트 수 · 탐방 요청 수 · 미팅 수
2 단계 · Analyst Coverage 증가 · 투자자 관심 확대	· Analyst/투자자 신뢰 확보 · 주주 구성 및 Targeting	· Target 주주 지분율(외국인 등) · 자사 메시지 리포트 반영도
3 단계 · 외부 network 구축 · Inbound 활동 필요	· Inbound 활동 강화 - 경영진 · 외부 투자자 환경 분석 지속	· Inbound 활동 관련 지표(보고 수) · 경영진 미팅 횟수

4 단계
· Communication
  중심으로의 IR
	· Inbound 활동 심화
	  - 전략, 마케팅 등 주변 부서 대상
		· Inbound 활동 관련 지표 (보고 수)
		· 타 부서 지원 검토

IR전략

오창희 상무 | 산일전기

Chapter 3 | IR전략

1. 기업의 IR

■ 기업이 IR에 관심을 둬야 하는 이유

모든 기업이 IR에 최선을 다해야 할까? IR업무를 15년 이상 해오고 있지만 그렇다고 생각하지는 않는다. 심지어 IR에 신경 쓰지 않아도 괜찮다고 생각되는 회사들이 있다. 사업 실적이 잘 나오고, 시장과 소통이 잘 되고 있는 회사들이다. 그런데 국내에만 코스피와 코스닥을 합쳐 2,500개가 넘는 상장사 중 과연 몇 개 회사나 두 가지 요건을 모두 충족하고 있을까? 대부분 상장기업이 위 두 가지 중 어느 하나는 부족함이 있을 것이고, 어떤 기업은 두 가지 모두 부족할 수 있다. 그래서 기업 대부분은 IR에 관심을 두고 노력해야 한다.

그럼 어떤 노력을 해야 할까? 일단 우리 회사가 어떤 면이 부족한지 인지하는 것이 우선이다. 그다음에 부족한 부분을 어떻게 채워 갈 것인지 접근방법을 생각해 본 후 실행하고, 실행결과까지 체크해야 기본적인 프로세스를 갖췄다 할 수 있다. IR의 기초는 기본적인 프로세스를 거쳐야 한다. IR의 베이스를 갖추는 부분은 '기업 경영과 IR' 챕터에서 얘기하고 있는 부분을 실행하기를 추천한다.

이 챕터에서는 필자의 경험을 바탕으로 기업이 IR을 하며 겪는 다양한 상황과 IR 접근사례를 다룰 것이다. 필자는 15년간 기업에서 IR

담당자로 일하며 어느 해에는 1년에 500회 이상의 IR미팅을 진행하기도 했는데, 양적인 면에서나 효과적인 면에서 긍정적인 결과를 낳았다는 내용으로 기사화되기도 했다.

〈그림 1〉 코스닥 기업 중 IR 횟수 1등, 그에 따른 긍정적 주가 흐름 기사

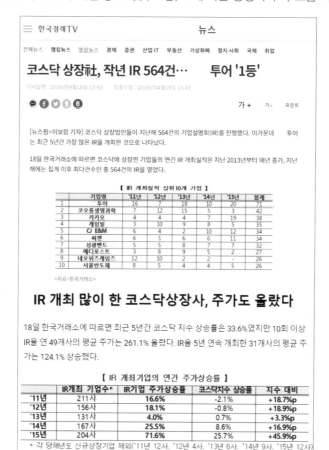

출처 : 한국경제, KRX

그렇게 쌓은 다양한 경험을 누군가에게 도움 되기를 바라는 마음으로 적어 본다. 다만 개인이 경험한 사례들이므로 참고 자료로만 활용하기를 권하며, 그대로 답습하는 것은 지양하길 바란다.

■ IR부서가 필요한 이유

필자가 생각하는 기업의 이상적인 IR부서는 기업과 투자자와의 징검다리 또는 메신저 역할을 할 뿐 아니라 사업을 성공적으로 만들어 가는 데도 기여하는 팀이라 생각한다. 그래서 IR관점에서 회사의 개선점과 나아가야 할 방향을 회사의 경영진에 전달하기 위해 큰 노력을 기울여야 한다. IR부서는 그렇게 할 수 있는 좋은 환경에 놓여 있다. IR담당자가 접하는 사람은 기업 내부 인사도 있지만, 일반적으로 투자자와 애널리스트이다. 이들은 매우 잘 교육된 인재들로, 다양한 기업의 좋은 사례와 그렇지 않은 사례들을 분석하고 그것을 바탕으로 판단해 온 전문가들이다. 이들의 예리한 분석을 통해 노출된 회사에 약한 부분, 리스크 등이 IR미팅에서 다뤄진다. 잘 준비한 투자자와 미팅하다 보면 기업 컨설팅을 받는 느낌을 받곤 한다. 얼마나 경제적인 접근 방법인가? 기업 컨설팅은 수억 원이 드는 서비스인데 무료로 받을 수 있다니 좋은 기회가 아닐 수 없다. 그렇게 수집된 내용을 IR보고를 통해 경영진에게 전달했을 때, IR부서는 더 이상 단순 메신저가 아닌 기업을 더 나은 모습으로 만들어 가는 데 기여하는 부서가 된다. 그래서 이 챕터는 IR전략기술서라기보다 기업의 다양한 과제를 IR로 풀어가는 접근 방법들이라 소개하겠다. IR전략 파트에서는 IR을 잘하기 위한 전략이 아니라 기업이 놓인 상황에 부합하는 목표를 달성하기 위하여 'IR은 어떤 전략적 접근을 해야 할 것인가?'라는 관점에서 쓰였음을 다시 한번 말한다.

■ IR을 위한 기업목표 점검

기업목표에 부합하는 IR전략을 세우려면 기업목표가 무엇인지 먼저 생각해 볼 필요가 있다. 그럼, 기업목표는 무엇일까? 우선 기간을 기준으로 장기와 단기로 나눠 생각해 볼 수 있다. 장기적으로는 이익 극대화, 지속 가능, 기업가치 향상, 사회공헌 등이 될 수 있고, 단기적으로는 비즈니스모델 발굴, 흑자 전환, 해외 진출, 고객 다변화 등 다양한 부분이 될 수 있을 것이다. 보통 기업목표는 기업이 처한 상황에 따라 결정하기 쉽다. 가령 30년 이상 사업을 유지해 온 회사가 매출구조는 안정되어 있지만, 성장성에 대한 과제를 안고 있을 수 있다. 반면 성장성이 높은 산업에 속해 있고, 아직 꾸준한 매출처가 없는 신생 기술특례상장기업은 안정적인 매출을 만드는 것이 과제일 수 있다. 전자는 수익성 개선과 매출처 다변화, 사업포트폴리오 확대 등이 최우선 목표가 될 것이고, 후자는 비즈니스모델을 만들거나 추가 자금조달이 가장 중요한 목표가 될 수 있을 것이다. 목표를 달성하려면 전략이 필요한데, IR은 이런 다양한 기업의 상황과 니즈에 맞는 전략적 선택지를 제공할 툴이 될 수 있다.

2. 업력이 짧은 회사의 IR전략

■ 초기 상장기업의 상황

지난 10년간 상장된 기업들이 속한 산업을 살펴보면, 바이오산업, 플랫폼산업, IT산업으로 구분할 수 있다. 그리고 정말 많은 기업이 기술성을 인정받아 특례상장제도로 상장했다. 그런데 이 산업들에 속한 기업이 가진 특징을 보면 성장성은 높지만, 실적이 따라와 주지 못한다는 것이다. 정확하게는 기업에서 제시한 실적 타이밍이 너무 공격적이었다고 얘기하는 게 맞겠다. 그 결과, 주가는 속절없이 하락하고, 기업 신뢰도도 대부분 떨어지는 모습을 보였다. 심지어 비상장기업들의 투자절벽이라는 부담으로 전이되기도 하는 것이 요즘 모습이다.

IR이 더 필요한 시점이다. 자칫하면 미래의 수많은 유니콘 기업이 사장될 수 있기 때문이다. 기업이 안정기에 접어들기 전에는 수많은 데스밸리(Death Valley)를 지나게 되는데 그때마다 꼭 필요한 것이 IR역량이다. 이때의 IR은 기업의 현재 상황에 집중하게 하는 것이 아니라 미래를 볼 수 있는 청사진을 제시해야 한다. 물론 허구나 속임이 아닌, 기업 비전이 그 바탕에 있어야 한다. 또한, 기업이 투자자들에게 선택 받으려면 투자자들에게 노출되어야 하고, 이를 위해서는 투자자들과 통로를 열어 둬야 한다. 그 역할을 하는 곳이 증권사이고, 증권사 내의 애널리스트가 실무자가 된다. 이들을 통해 투자자와 컨택이 이뤄지고 투자자가 회사 주식을 볼 수 있는 길이 열리게 된다. 이러한 길을 열기 위해 이 장에서는 초기 상장기업이 취할 수 있는 IR전략을 살펴보도록 하겠다.

■ 기업을 커버하는 애널리스트를 1명 이상 확보하자

투자자 미팅 기회를 얻으려면 우선 우리 회사를 커버하는 애널리스트를 어떻게든 한 군데 이상은 만들어 둬야 한다. 일반적으로 회사 투자정보는 매일 올라오는 공시자료나 IR자료를 통해 투자자들에게 전달된다. 하지만 코스닥과 코스피를 합쳐 2,500개가 넘는 회사가 있다. 투자자들은 그 회사들의 실적과 IR자료를 다 볼 수 없다. 이것을 필터링하여 투자자들에게 전달하는 곳이 증권사이고, 증권사에서도 애널리스트가 그 역할의 핵심이다. 따라서 초기에 기업을 커버하는 것까지는 어렵더라도 관심을 두고 업데이트하는 애널리스트가 필요하다. 증권사마다 산업 담당 애널리스트가 있으니, 우선은 이들과 컨택하기를 추천한다. 다만 모든 증권사에 모든 산업 애널리스트가 있는 것은 아니기 때문에, 모든 산업 애널리스트가 있는 대형증권사를 먼저 컨택할 것을 추천한다. 여의치 않다면 중형 증권사라도 컨택하기를 바란다.

이때 컨택하는 애널리스트는 가급적 산업 내 베스트 애널리스트를 최우선 대상으로 삼아야 한다. 애널리스트는 기업을 분석하여 투자자에게 전달하는 역할도 하지만 투자자 미팅을 주선하기도 한다. 투자자가 직접 회사에 미팅을 요청하기도 하지만, 많은 경우 회사를 담당하는 애널리스트를 통해 미팅을 요청하기 때문이다. 또한, 투자자는 회사의 상황을 시장에 전달해 줄 메신저가 있어야 회사에 지속해서 관심을 두고 기회가 있을 때 투자를 검토하게 된다. 그 역할을 애널리스트가 하게 된다.

사실 애널리스트가 기업을 커버하게 하는 것은 생각보다 녹록지 않다. 우선은 기업 수에 비해 애널리스트가 절대적으로 부족하고, 애널리스트가 커버를 결정하는 일은 많은 고민이 필요한 일이기 때문이다. 애널리스트가 기업을 한번 커버하기 시작하면, 최소 6개월에 한 번은 기업 분석자료를 내야 한다. 애널리스트가 커버하는 회사 수는 적게는 12개에서 많게는 20개 가까이 된다. 실적이 나오는 시기가 되면 더욱 분주해진다. 본인이 커버하는 종목들의 실적을 분석하고 투자자들에게 정리하여 업데이트해 주어야 한다. 그렇다 보니 커버하기 전에 이회사의 실적이 꾸준한지 먼저 보게 되고, 그에 앞서 회사의 IR담당자가 본인에게 우호적이며 꾸준하게 일관된 정보를 제공할 수 있을 것인가 생각해 보게 된다. 그다음 커버를 고민하는 시간을 갖는다. 만약 우리 회사를 커버하는 애널리스트가 적거나 아예 없다면 이런 이유 중 어떤 점이 부족하기 때문일 것이다. 아니면 회사가 속한 산업이 투자자들에게 매력적이지 않기 때문일 수도 있다. 그럴 때는 회사가 아무리 어필해도 쉽지 않다. 이런 구조를 먼저 알아야 애널리스트의 커버리지를 끌어낼 수 있다. 회사가 제공할 수 있는 부분은, 첫째 애널리스트 요구에 대한 적극적인 대응이고, 둘째 신뢰할 수 있는 자료의 꾸준한 제공이며, 셋째 정기적인 컨택이다. 이것만 된다면 애널리스트 커버리지를 끌어낼 최소한의 노력을 한 것이다.

〈표 1〉 산업별 베스트 애널리스트 2022 기업분석 부문

평가 부문	애널리스트	소속
화학/유틸리티	윤재성	하나증권
유통/소비재/음식료	박상준	키움증권
헬스케어	허혜민	키움증권
철강/비철금속	박성봉	하나증권
건설/리츠	송유림	한화투자증권
조선/중공업/기계	최광식	다올투자증권
자동차	김준성	메리츠증권
반도체/전기전자/디스플레이	최도연	신한투자증권
미디어/엔터테인먼트	김소혜	한화투자증권
게임/인터넷/통신	김홍식	하나증권
운송	강성진	KB증권
금융	임희연	신한투자증권
스몰캡	스몰캡팀	신한투자증권

그렇게 애널리스트와 컨택이 이뤄지고 서로의 니즈가 만들어졌다면, 다음 단계는 기업 분석자료 제공이다.

■ 판단할 수 있는 데이터를 제공하라

아직 꾸준한 매출이 없는 상장기업에게 투자자들이 던지는 질문의 십중팔구는 언제 BEP에 도달하는지 또는 언제 의미 있는 매출이 발생하는지와 관련한 것들이다. 그런데 안타깝게도 대부분의 회사가 그 질문에 대한 명확한 답을 줄 수 없다. 대답을 명확하게 할 수 있는 회사가 있다면 아마도 회사 주가가 이미 오른 상태이거나 오르고 있는 상태일 것이다. 이때는 사실 IR이 따로 필요 없다. 이미 투자자들이 원하는 것을 회사가 제공하고 있기 때문이다. 우리가 고민해야 하는 단계는 명확한 답을 줄 수 없을 때이다.

그렇다면 답을 줄 수 없으니 "곧 의미 있는 매출 계약이 있을 것 같다. 계획대로 사업이 잘 진행되고 있으니 곧 결과물이 나올 것 같다"와 같은 말만 계속 되풀이할 것인가? 그 또한, 지속해서 취할 수 있는 대응 방법이 아니다. 이 단계에서 기업의 IR은 매출을 만들어 낼 수 있는 근간을 만들어 가고 있는 데이터를 제공하는 것이 방법이 될 수 있다. 매출을 만들기 위해 무엇이 필요한가? 제품과 구매자다. 그렇다면 매출이 만들어지는 구성요소가 되는 제품에 대해 그 과정을 데이터화하여 보여주고, 그 제품이 얼마나 기대되는 제품인지 마켓 자료를 제공하거나, 어느 정도의 매출을 만들어 낼 수 있는지를 시뮬레이션하여 제공하면 좋은 대안이 될 수 있다. 그리고 거래처가 늘고 있는지, 어떤 거래처들이 신규로 들어오는지 등의 데이터를 제공할 수 있다면, 당장

제품이 팔리고 있지 않더라도 매출에 대한 기대를 하게 되어, 투자에 대해 검토해 볼 수 있을 것이다. 단, 데이터 제공 시 공정공시 위반사항이 되지 않도록 충분히 확인 후 제시할 것을 당부한다.

그런데 실제로 이 단계에서 기업이 많이 접근하는 방법은 꿈을 더 크게 포장하는 것이다. 많은 대표가 그걸 요구한다. "우리 같은 전도유망한 회사의 주가가 지지부진 한 건 IR에서 투자자들에게 회사의 가치를 잘 전달하고 있지 못하기 때문이야"라고 평가하는 경우가 더러 있다. 그럼, IR에서는 더 크고 화려한 포장지를 들고 와 실제와는 괴리가 큰 회사의 모습으로 포장하려고 노력할 것이다. 그런 회사에게 주식투자자들은 두 가지 모습으로 대답한다. 조용히 투자마음을 접고 떠나거나, 회사의 논리에 대한 명확한 근거를 제시해 달라고 요청할 것이다.

한 가지 실제 사례를 소개하겠다. 이 회사는 기술특례상장제도를 통해 상장한 지 2년 이상이 된 시기였고, 주식투자자들은 상장할 때 회사가 제시했던 성장 스토리가 숫자로 증명되는 모습을 기대하고 있었다. 하지만 실제 사업 진행 상황은 원래 기대했던 속도에 한참 미치지 못하고 있었다. 그러다 보니 주가는 지속적으로 하락하는 모습을 보였고, 회사는 투자자들이 회사의 가능성을 더 크게 볼 수 있도록 잘 어필해 보라는 요구를 IR부서에 전했다. 부당한 지시는 아니다. 어쩌면 그게 IR에서 해야 하는 기본적인 역할이다. 그러나 어떤 메시지든 시기에 맞는 적절한 내용이 주식투자자들에게 전달되어야 한다. 이때 주식투자자들에게 전달되어야 하는 적절한 메시지는, 기대하는 실적이 안나오는 이유와 회사가 어떻게 실적이 나올 수 있도록 전략적 접근 중인지 설명하는데 노력해야 한다. 그래야 회사에 대한 신뢰까지 잃는 상황은 막을 수 있다. 회사가 신뢰를 잃지 않으면 후일을 기약할 수 있다. 당장 주식투자자들은 회사의 실적이 아쉬워 떠나겠지만 나중에 라도 실적이 나오면 그 주식을 살 수 있다. 하지만 신뢰까지 잃은 회사는 주식투자자들의 관심종목 리스트에서 빠지게 된다. 그런 상황이 벌어지게 할 수는 없는 노릇이었다. 이에 IR에서는 더 큰 꿈으로 포장하는 대신 작은 단위에서 일어나고 있는 회사의 성장과 가능성에 대해 데이터를 기반으로 어필하는데 노력을 기울였다. 가령 거래처가 작년에 비해 올해 얼마나 늘어나고 있는지, 거래 규모가 어떻게 더 커지고 있는지를 보여줌으로 회사가 성장하고 있음을 알렸고, 제품에 대한 고객들의 반응이 어떠한지 고객레퍼런스를 확보하여 제시함으로 제품의 성공 가능성을 알려, 미래에 의미 있는 매출을 만들어 낼 수 있다는 구체적인 근거를 제공하는 데 힘을 기울였다. 그렇게 했더니 회사의 원대한 꿈과 시장 기회만을 어필했을 때보다 훨씬 긍정적인 피드백을 받을 수 있었다. 실제로 회사를 관심 회사로 등록하여 업데이트할 것이니 기업소식 메일링 리스트에 본인을 올려달라는 요청이 늘어나는 모습을 확인할 수 있었다. 추가적인 노력으로 IR 집중일을 정하여 기관투자자들과의 접점을 늘렸다. 일주일에 하루는 무조건 투자자만을 만나는 날로 정하여 미팅이 있든지 없든지 여의도로 향했다. 애널리스트를 만나기도 하고 지난주 만난 투자자를 다시 만나기도 했다. 그렇게 수개월이 지나니 회사에 대한 이해도가 높아지는 곳이 생기기 시작했고, 미팅 연락이 먼저 오기도 했다. 그렇게 회사를 잘 이해하는 분들을 만들기 시작하자 회사에 발생한 이벤트를 알릴 명분이 생겼다. 가장 어려운 단계의 IR활동이라는 생각이 들었다. 관심도 없는 사람에게 찾아가 시간을 내 달라고 하는 것은 매우 괴로운 일이다. 그것도 정말 바쁜 사람들이 대상이라면 더 그렇다. 그럼에도 이 과정은 초기 IR활동에 매우 중요한 과정이다. 중·장기적인 우군을 만드는 과정이기 때문이다. 그렇게 첫 단추를 끼우기 시작하면 좋은 IR의 시작을 열게 된 것이다.

정리하면, 아직 안정적인 매출을 만들고 있지 못한 상장기업의 IR전략은 첫째 기업을 커버하는 애널리스트를 최소 1명 이상은 확보할 것, 둘째 구체적인 데이터를 통해 기업 실적 가시성을 어필할 것, 셋째 적극적인 IR을 통해 기업이 잊혀지지 않도록 할 것, 넷째 신뢰할 만한 기업 실적 데이터를 꾸준하고 정기적으로 제시할 것 등으로 요약할 수 있다.

3. 업력이 오래된 회사의 IR전략

■ 경영진과 IR의 신뢰 관계를 형성하자

안정적인 매출이 있고, 이미 금융시장에서 비즈니스적인 신뢰를 쌓아온 회사는 기업 메시지에 신뢰를 더하는 것이 중요하다. 기업 메시지의 신뢰는 경영진의 의사결정과 IR 메시지를 일치시킴으로써 가능하다. 그렇게 되려면 IR에서 투자자들과 커뮤니케이션하는 상황을 경영진과 효과적으로 공유함으로써, 경영진의 의사결정과 IR의 방향 제시가 어긋나는 일이 없도록 해야 한다. 많은 기업이 이 부분이 잘 되지 않아 투자자에게 신뢰를 잃곤 한다. IR도 그저 경영진의 의사결정을 후행적으로 대변하거나, 수습하는 역할을 담당한다. 일반적으로 일어나는 상황이지만, 이렇게 해서는 투자자들의 신뢰를 얻기는 어렵다. 그렇다고 회사의 크고 작은 의사결정을 IR과 협의하자고 할 수도 없는 노릇이다.

필자는 이러한 기업의 대외 커뮤니케이션 형태를 개선하기 위해 노력했다. '기업 의사결정에 IR의견이 참고가 된다면 보다 투자자 친화적인 의사결정을 내릴 수 있을 것이고, 커뮤니케이션 또한 선제적으로 이뤄 질 수 있을 것이다.'라는 생각으로 사내에서 주간IR레포트를 작성 보고하기 시작했다. 내용은 단순 주가 흐름이나 경쟁사 주가, 경제지표 등에 그치지 않고, 한 주간 기관투자자와의 IR미팅에서 나온 내용 중

경영진이 참고할 만한 기관투자자들의 질문을 선별 후 그 질문에 어떻게 대답하고 있는지를 보고했다. 경영자에게는 그것이 경영 의사결정에 참고할 만한 컨설팅 자료가 될 수 있겠다는 기대였다. 이런 나의 기대는 적중했다. 기관투자자들의 대부분의 지적은 이미 인지하고 있는 회사의 과제에 대한 내용이었다. 하지만 때때로 예리한 지적들이 나올 때가 있었다. 나는 그것들을 더 집중해서 경영진에 강조하여 보고하였고, 감사하게도 당시 경영진은 열린 마음으로 투자자들의 지적 사항에 대해 들을 준비가 되어 있었다. 그 결과 훨씬 더 건강한 회사의 모습을 유지할 수 있었다고 생각한다.

〈표 2〉 투자자 피드백 보고서

| 기관 feed back | 본업 | <ul><li>올해 회사의 핵심 사업목표는?</li><li>우리나라만 패키지 비중이 높은데 자유여행 트렌드에 따른 수익성 훼손 우려는 없는가?</li><li>늘어나는 OTA들과 LCC항공 그리고 FIT 우호적인 여행서비스 환경에서 회사의 방향성은?</li><li>1~3월 총 출국자가 18.9% 이상 증가했는데 실적이 안 좋은 이유는 무엇인가?</li><li>매출액 증가보다 비용증가가 계속 높은데 원인은 무엇이고 통제가 안 되는 것인가?</li><li>지난 5년간 매출액은 100% 성장했다. 그런데 영업이익은 그대로다 왜 그런 것인가?</li><li>앞으로 영업이익을 만들기 위한 회사의 계획은 무엇인가?</li></ul> |

		• A투어를 인수한 목적이 무엇인가?
자회사	A기업	• A투어의 적자가 지속되는 원인은 무엇이며, 언제쯤 흑자전환 하게 되는가? • A투어가 최초 인수 계획한 대로 운영되고 있다고 생각하는가? • A투어와 M투어 간의 시너지는 어떤 형태로 나타나게 되며, 언제쯤 나타나게 되는가? • 적자가 크게 개선되지 않는 지금도 A투어 인수에 대해 잘한 결정이라고 생각하는가?
	B기업	• 인수 목적이 무엇인가? • 2015년 적자 7억, 올해도 비슷한 적자가 예상되는데 언제쯤 흑자전환 가능한가? • B아카데미의 경쟁력은 무엇인가?

처음 주간 IR레포트를 보고했을 때 별다른 반응이 없었다. 그런데 1년 이상 이어지자 드디어 반응이 나타나기 시작했다. 임원 경영 회의 때 주간 IR보고에서 다룬 내용이 언급되기 시작했고, 나중에는 주요 임원들이 주간 IR보고를 미리 열람하기를 원하는 일이 벌어지기도 했다. 대표이사의 질문이 IR보고서에서 많이 다뤄지다 보니 예상 질문을 미리 확보하고 싶어했던 것 같다. 자연스레 IR부서의 회사 내 위상도 올라갔고, 발언권도 생겨 경영 의사결정에 영향을 줄 수 있는 환경이 만들어졌다. 그렇게 되자 투자자들에게 나가는 내용도 신뢰도가 높아져 투자로 이어지는 일이 일어났다. 미국 투자기관 중 한 곳이 회사 지분의 5% 이상을 매수해 지분 신고를 하게 되었다. 기업

의 IR과 경영진의 일관성 있는 목소리가 만들어 낸 성과였다. 당시 이와 관련된 해프닝도 있었다. 최대주주의 지분이 9%인데, 외국인이 그것도 5% 이상의 큰 지분 매입이 들어왔으니 전후 사정을 모르는 입장에서는 놀랄 수도 있었을 것이다. 회사내부에서 "회사가 외국인에게 넘어간다", "적대적 인수 합병이 될 것 같다"라는 추측이 많았다. 하지만 빠른 시기에 지분 투자기관이 회사를 방문하여 그 우려를 해소 주었다. 그리고 투자하게 된 배경에 대한 얘기도 공유해 주었다. "회사의 IR책임자가 1년에 1∼2번 꾸준히 미국에 있는 투자자를 방문하여 속해 있는 산업과 회사의 사업과 대한 내용을 업데이트해 주었는데, IR의 목소리와 회사의 방향이 일관성이 있어 신뢰할 수 있는 기업이라 생각되어 큰 투자를 결정하게 되었다"라는 것이었다. 꾸준한 커뮤니케이션과 IR과 경영진 의사결정의 일치가 얼마나 중요한 요소인지를 확인한 사례였다. 그 후 경영진과 IR부서는 더 끈끈한 유대관계를 유지하게 되었다.

4. IR을 더 열심히 해야 하는 회사

■ 실적이 안 나오는 회사

다른 질문을 던져 보겠다. 실적이 안 나오는 회사는 투자자들과 접촉을 덜 해야 할까, 더 해야 할까? 실적이 안 나오는 회사일수록 투자자들과 더 빈번한 접촉이 필요하다. 실적이 나오고 주가가 움직이는 회사는 투자자들이 알아서 찾아오고 회사는 환영 받는다. 비교적 IR을 하기 수월한 회사다. 그래서 더 활발히 IR활동을 한다. 그런데 실적이 안 나오는 회사는 찾아 주는 곳도 제한적이고, 만나도 해줄 얘기가 제한적이다. 자연스럽게 IR 횟수가 줄어들게 된다. 그렇다고 그대로 있으면 안 된다. 요구가 없어도 회사가 먼저 투자자를 방문해야 한다. 어려운 일이다. 수요(관심)가 없는데 지속해서 접촉하는 것이 어찌 쉬운 일이겠는가? 그럼에도 해야 한다. 그렇게 하지 않으면 정말로 회사는 시장에서 잊히고 버려진 상품이 된다. 마치 진열장에 있던 상품이 이월상품이 되어 창고로 보내지는 것 같은 상황이 벌어지게 된다. 회사를 찾는 투자자가 적어도 진열장(투자자 관심 포트폴리오)에서 빠지지 않도록 노력해야 한다. 그리고 그 노력은 꾸준하고 일관성이 있어야 한다. 그렇게 해야만 회사의 사업에 긍정적인 결과물이 나올 때 즉시로 효과를 볼 수 있다.

내가 몸담고 있던 회사는 업계에서 만년 2위 기업이었다. 항상 1

등보다 못한 2등으로 간주되어 투자자들의 롱숏(Long-Short) 트레이드 전략에서 숏(파는 종목) 포지션에 놓일 때가 많았다. 주식투자자들의 고정관념은 바꾸기가 매우 어렵다는 것을 IR을 하면 할수록 느끼게 되었다. 그래서 고정관념을 바꾸려 하기보다 객관적인 지표를 바탕으로 설득하려는 방식으로 접근하였고, 1등보다 나은 실적 지표들을 찾아 투자자들과 소통했다. (수익률, 이익률, 평균판매단가 등) 객관적인 지표를 보면 한 명이라도 더 우리 회사를 긍정적으로 평가해 줄 것이라 기대했다. 그러나 결과는 내 생각대로 흘러가지 않았다. 객관적 지표에서 나은 점이 많은 2등이라도 선택지는 여전히 1등 회사였다. 이유를 물으니 "어차피 좋으면 1등이 제일 좋을 것이고, 안 좋아도 1등을 샀으니, 투자 보고 대상자에게 설명하기도 편하다"는 논리였다. 국내에서 그래도 이름만 들으면 아는 큰 투자기관의 매니저가 그렇게 얘기하니 국내 매니저에게만 집중하는 것은 효과성이 떨어지겠다는 생각이 들었다. 그래서 해외투자자들에게 집중하는 것으로 IR방향을 바꿨다. 국내 매니저들의 인식을 단기간에 변하게 하기는 어렵다는 판단이었다. 해외투자자들을 설득해 보자는 내 생각의 근간은 국내의 사정을 잘 모를 테니 객관적인 지표를 더 중요하게 여겨 줄 것이라는 생각에서 비롯되었다. 국내에 거주하지 않으니 1등과 2등과의 브랜드 인지도를 배제하고 숫자만을 보고 누가 더 나은지 판단해 줄 거라고 기대했다. 하지만 이것도 나의 오산이었다. 해외투자자는 산업 내 1등 기업을 선호하는 곳이 더 많았다. 답답한 마음에 용기를 내어 투자자에게 그 이유를 물으니, "통상적으로 외국인투자자가 해외 기업에 투자할 때는 산업에서 1등 기업에 투자하는 것이 일반적이다. 잘 모르는 나라에 투자하는 것도 모험인데 산업 내 2등 또는 그 아래 있는 회사에 투자하는 것은 리스크에 더 많이 노출된다고 판단하기 때문이다."라고 답했다. 충분히 납득되는 이유였고, 그래서 반박할 수가 없었다.

〈그림 2〉 미국 기업설명회 경로

그럼 우리는 항상 실적도 2등 IR도 2등이어야 하는가? 오기가 났다. 그래서 해외 IR에 더 집중했다. 매년 상·하반기에 미국과 유럽 지역으로 기업설명회(NDR)를 다녔다. 상반기에는 매년 4월에 그해 사업계획에 대한 내용을 주제로 1분기 흐름을 업데이트하여 진행했

고, 하반기에는 10월 또는 11월경에 그해 예상 마감 실적을 업데이트하고, 다음 해 사업 방향에 대한 얘기를 위주로 투자자들에게 회사를 가이드하는 시간을 보냈다. 그리고 아시아 지역(홍콩, 싱가포르)은 분기마다 실적 발표 후에 기업설명회를 했고, 증권사가 초대하는 컨퍼런스에도 적극적으로 참석했다.

■ 악재를 기회로 만들자

그 과정에서 산업에 안 좋은 이벤트가 발생했을 때 해외 기업설명회(NDR)가 잡히는 경우도 더러 있었고, 출장을 연기할지 고민한 적도 있었다. 하지만 약속된 일정을 그대로 진행하는 것이 좋은 뉴스만을 가지고 가는 것 보다 중요한 부분이라 생각하고 강행했다. 그것이 오히려 긍정적인 결과물을 내기도 했다. 정기적으로 진행하던 미국 기업설명회 일정이 잡혔는데, 공교롭게도 출국하기 며칠 전에 메르스(MERS: Middle East Respiratory Syndrome)라는 신종 감염병이 이슈가 되었다. 여행 산업에는 치명적인 이슈였다. 여행객이 줄어드는 상황이 불을 보듯 뻔하게 그려졌다. 기업 주가는 며칠간 가격제한폭으로 하락했다. 그런데 주가적으로 드라마틱한 반전이 일어났다. 회사의 하락하던 주가는 미국 기업설명회 기간을 시작으로 일정을 마치고 돌아와서까지 계속 반등하고 있었다. 메르스가 더 극심해지고 있었기 때문에 일반적으로 이해가 안된다는 반응들이었다. 미국에서 무슨 일이 일어났던 것일까? 당시 대표이사를 포함한 경영진

모두가 이 상황을 궁금해했고, 나는 따로 내부에서 청문회 같은 설명회를 진행해야 했다. 설명회를 마치고 나자, 의심의 시선들은 믿음으로 바뀌어 있음을 느낄 수 있었다.

메르스가 터지자, IR부서에서는 출장을 강행할지를 고민했고, 결국 약속된 일정을 수행하는 것이 이 상황을 피하는 것보다 더 나은 선택지라고 결론 내렸다. 그리고 어떤 내용으로 투자자들을 만날 것인가를 생각했다. 투자자들이 궁금할 내용은 결국 메르스로 회사 매출이 계획했던 것보다 얼마나 많이 빠질 것인지, 이 상황이 얼마나 오랫동안 이어질 것인지에 대한 회사의 생각을 듣고 매니저 스스로 판단한 뒤 주가에 반영할 것이라 생각했다. 그래서 필자는 '지금이 주식을 얼마나 더 빼야 적정 주가인가?'라는 질문에 대한 힌트가 아니라 지금은 주식을 사야 할 때라는 접근으로 논리를 준비했다.

논리 주장에 필요한 자료는 과거에 비슷한 이벤트가 발생했던 상황을 가져왔다. 신종플루라는 이벤트가 비슷한 상황이라 판단했다. 그래서 신종플루 때의 자료를 수집했다. 신종플루가 발생하고 어느 정도 시간이 지나서 여행수요 감소세가 증가세로 전환했는지, 그 시기 주가는 어떤 흐름을 보였는지 데이터를 준비했다. 데이터는 정확하게 3개월 만에 여행객은 신종플루 이전 수준을 회복했고, 주가 또한, 전고점을 돌파하는 모습을 보였다는 결과가 도출되었다. 만들어진 데이터를 기반으로 IR스토리를 만들었다.

"당신이 최대 30일만 우리 회사에 투자할 수 있다면, 지금은 매도 타이밍이 아니라 매수 타이밍으로 고려해 볼 수 있을 것이다. 메르스가 얼마나 심각한 질병으로 역사에 기록될지 현재는 가늠할 수 없지만, 신종플루보다 더 심각한 질병은 아니라는 것이 중론이다. 그렇다면 신종플루 때보다 회사나 주가에 미치는 영향은 적을 것이다. 보시는 차트는 신종플루 때 여행목적 출국자 차트이고 그 기간 주가 차트이다. 약 40일 만에 여행목적 출국자는 신종플루 이전으로 돌아왔고, 주가는 44일 만에 전고점을 돌파했다. 따라서 최대 40일만 기다릴 수 있다면 지금은 좋은 기회가 될 수 있을 것이다."

이 내용이 당시 준비한 메인 스토리였다.

〈표 3〉 출국자 추이, 주가변동 추이

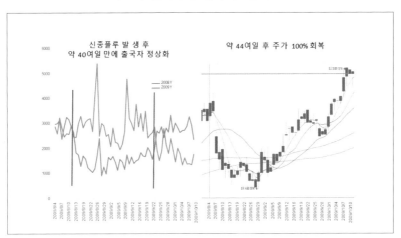

미국 첫 미팅부터 기관투자자들은 메르스 상황에 대한 질문들로 시작했다. 우리는 준비해 간 자료를 제시했다. 우려했던 것과 달리 미팅은 매우 좋은 분위기에서 마무리되었고, 3번째 만난 투자자는 내용을 듣더니 미팅 중간에 갑자기 급한 업무가 있다며 약 10분가량 자리를 비우고 돌아오는 일이 있었다. 통상적으로 IR미팅 때 경험하지 못 했던 상황이 벌어져 어리둥절하고, 충분한 양해 없이 자리를 비우는 투자자의 태도에 마음속으로 예의가 부족하다는 생각을 했었다. 그런데 미팅을 마치고 나서 그분이 양해를 구하며 상황을 설명해 주어 오해가 풀렸다. 그분은 중간에 회사 주식 매수주문을 하고 왔던 것이었다. 회사의 얘기를 듣고 좋은 매수 타이밍으로 판단한 것이다. 어떤 투자자는 "이런 내용으로 내 앞에 몇 군데나 미팅을 했습니까?"라고 물어보기도 했다. 그분 역시 매수에 좋은 기회로 판단한 것이다. 이런 상황을 설명하고 나니 회사에서도 충분히 상황을 이해했고, 잘했다는 격려 메시지가 여러 곳에서 나왔다. 만약 악재가 터졌을 때 투자자 미팅 일정을 취소하기로 했다면 배우지 못했을 값진 경험이었다. 투자자들에게 얻을 수 있는 신뢰도 그만큼 줄어들었을 것이다.

■ 투자자에게 오랫동안 사랑받는 IR로 만드는 법

그렇게 꾸준하게 진행한 만남을 우리는 매번 기록해 보관하고 일관성을 유지하기 위해 노력했다. 매번 만난 투자자들의 목록을 정리하고 관심사를 위주로 커뮤니케이션했더니 투자자의 미팅 집중력도 올라가는 것을 경험할 수 있었다.

기관	투자자	EUM(운용규모)	Style	투자자비고	학습	관심	종합
***	**		Country/Region	경쟁사 및 국내리츠회사에 관심. 당사에 대한 질문보다 산업 변화질문 많았음	C	C	C
***	**	510.58	Country/Region Focus	호텔 관련 관심이 큼	B+	B+	B+
***	**	1,700.00	Hedge Fund	주주, 인바운드 수익구조에 관심	B	A	B
***	**	353,000.00	Country/Region	3단계 투자 전 미팅중 1단계 진행 . 재무에 대한 질문이 많았음	C	A	B
***	**	353,000.00	Country/Region	업계 전반적인 내용 관심	B	B+	B
***	**	780.24	Growth	전반적인 질문 위주로 진행	B	B	B
***	**	780.24	Growth	숫자에 관심이 많고 디테일한 숫자 많이 물어봄. 공격적인 질문 성향	A	B+	B+
***	**	2,400.00	Growth, Asia Pacific				
***	**	8,068.50	Growth, Asia Pacific	기초미팅, 그룹미팅으로 거의 질문없이 듣는 것에 집중함	C	B	C+
***	**	56,990.39	Growth				
***	**	25,000.00	GARP	1등기업과의 차이점 질문, 전체적 업계등의 상황 알고있음	A+	A+	A+
***	**	19,031.00	Hedge Fund(Long&short)	숫자에 대한 질문과 , 디테일한 실적에 대한 질문 위주의 진행	A	A	A
***	**		Growth	관심가지고 스터디 하는 단계	B	B	B
***	**	1,000.00	Hedge Fund·Event·Driven	많이 아는 것 처럼 행동 했으나 답변에 대해 잘 이해하지 못함	B	B	C+
***	**		Value	국내 친한 기관 메니저 통해 정보 多	B	B+	B+
***	**	12.32	Value, Asia Pacific	전체 상황등 거의 알고있음. 신규투자에 대해 주로 관심가짐	A+	A	A
***	**	304,000.00	Country/Region Focus	2분기 업데이트 및 3분기 예상 질문	A	A	A

그런 시간이 2년가량 흐르자, 투자자들도 회사가 제시하는 자료에 관심을 두기 시작했고, 실제 투자로 이어지기 시작했다. 고무적인 결과물은 외국인 지분에 있어서는 1등 기업을 앞지르기 시작했고, 10% 이상의 비교적 큰 갭으로 외국인투자자들에게 더 선택 받는 종목이 되었다. 당시 코스닥기업 평균 외국인투자자 비중이 약 15%였는데 우리 회사는 42%가량 되었다. 시장 평균을 크게 넘어서는 기록이었다. 주가도 자연스럽게 상승하여 기존 대비 두 배 이상 상승한 것은 덤이었다. 이런 전략을 펼칠 수 있었던 것은 기본적으로 경영진이 IR활동에 대해 긍정적으로 지원할 환경이 만들어져 있었기 때문이었고, IR부서의 역할에 대해서도 필요성을 인지하고 있었기 때문이었다. 그래서 IR활동 전략을 세우기 전에 의사결정권자들과 먼저 무드를 형성하라고 조언하고 싶다. 이미 무드가 형성되어 있는 회사라면 바로 전략을 세워 실행해 보길 바란다.

업력이 오래된 회사는 그동안 쌓인 정보가 많아 새로운 방향 제시가 쉽지 않다. 그러므로 기존 정보를 바탕으로 상황에 맞춰 적절히 대응하고, 쌓인 데이터를 효과적으로 활용하여 투자자들의 신뢰를 높여 간다면, 안정적인 주가 흐름과 함께 오랫동안 투자자에게 사랑받는 IR을 할 수 있을 것이다.

■ 회사 내부 개선에도 기여하자

추가로 IR부서가 기업내 부서들 및 경영진과의 신뢰를 쌓고 기업 내에서 활용도가 높은 부서로서의 자리매김하기 위한 방법을 공유하겠다. 회사의 인사팀에서는 매년 상하반기 신입사원들과 기존 사원들에 대해 집체교육을 진행했다. 그런데 집체교육 때 항상 교육주제와 강사를 준비하는 것이 인사팀에서는 과제였다. 그래서 인사팀에 제안하였다. 내가 신입사원들에게는 회사에 대한 자부심을, 기존 직원들에게는 회사에 대한 로열티를 올릴 수 있는 내용으로 강의를 준비해 보겠다고 말이다. 처음 인사팀에서는 고민할 과제가 줄었다는 점과 예산을 절약할 수 있다는 점에서 긍정적이었다. 다만 검증되지 않은 강사를 쓰는 건 조심스러워했다. 그래도 한번 시범적으로 해보자는 여론이 힘을 받아 사내 강사로 활동하게 되었다. 강의 방향은 각각 다르게 준비했다. 신입사원들은 회사의 가치에 대해 명확하게 알게 하고, 객관적인 회사의 가치가 본인들이 생각하는 것보다 훨씬 크다는 점을 객관적인 자료로 어필했다. 가령 상장기업 중 우리와 비슷한 시가총액을 형성하고 있는 기업 중 유명한 기업들로 추려서 "이 기업들이 유명하고 좋은 기업들인가?, 이런 기업에서 일하고 싶은가?"라는 질문을 던지면 대부분 그렇다고 얘기한다. 주식시장에서 우리회사가 그런 곳들과 어깨를 나란히 하고 있으니, 자부심을 가지라는 메시지였다. 반응들이 괜찮았고, 강의에 대한 만족도가 외부강사를 초빙했을 때보다 크게 높게 나왔다. 기존 직원들 대상으로는 '기업비전과 나아갈 방향'이라는 주제로 투자자들과 나눴던 내용들을 바탕으로 강의하였고, 강의 후 직원들의 애사심과 자긍심을 끌어내는 데 긍정적인 효과가 있었다는 피드백을 받을 수 있었다. 이는 IR부서가 내부에서 또 다른 역할을 할 수 있다는 평가를 받는 계기가 되었다.

다른 사례는 실무자포럼을 주최하는 것이었다. 실무자포럼은 각 사업부 팀장급으로 이뤄진 자유로운 형태의 포럼으로, 회사의 과제를 팀장(실무자)들이 함께 공유하고 해결방안을 도출하여 경영진에 전달하여 경영 의사결정 참고자료로 쓰이게 하는 것이 목적이었다. 과제의 주제는 IR부서에서 외부투자자들로부터 피드백 받은 회사가 해결하면 좋은 숙제들이었다. 실무자포럼을 통해 충분히 논의된 후 도출된 결과물들은 주간 IR보고를 통해 경영진에게 피드백 했다. 경영진들의 반응은 긍정적이었다. 특히 부사장님은 임원회의에서 나오지 않았던 참신한 접근방법이라 좋았다는 평가를 해주었다. 당시 나는 내부의 이런 긍정적인 평가도 좋았지만, 무엇보다 IR부서가 주식 관련 업무뿐 아니라 회사를 개선하는 데 기여할 수 있다는 것을 경영진에게 인정받았다는 점과 결과적으로 IR활동을 더 폭넓게 할 수 있는 기반을 다지게 되었다는 점에서 보람을 느낄 수 있었다.

어쩌면 성공적인 IR활동의 시작은 기업 내부 구성원들의 협조에서 시작된다고 할 수 있다. 대외적으로 신뢰받는 기업이 되기 위해서는 정제된 메시지가 외부로 나가야 한다. 정제된 메시지가 만들어지고 유통되기 위해서는 일련의 과정이 필요하다. 첫째로 기업의 정보가 IR부서에 모일 수 있어야 하고, 둘째로는 IR부서를 통해 외부로 나가야 한다. 그렇게 할 때 일관성 있고 정리된 메시지가 외부로 나가 기업 신뢰를 형성하는 기반이 만들어진다. 이 모든 과정이 내부의 협조와 지원 없이는 어렵다. 내부의 협조와 지원은 대표이사의 지시사항으로 만들어질 수도 있지만 IR부서가 내부에서 구축하는 노력이 필요하고 그런 점에서 내부 부서들과 좋은 유대 관계는 꼭 필요한 덕목이라 할 수 있다.

지금까지 우리는 기업의 발전 단계에 맞는 다양한 형태의 IR전략과 접근 방법에 대해 살펴보았다. 또한, IR부서가 기업의 니즈에 따라 유용하게 활용될 수 있음을 보았다. 그럼, 이제 기업의 다양한 상황에서 IR이 어떻게 활용될 수 있는지 사례를 통해 살펴보겠다.

5. 거래량을 높이는 IR

■ 실적이 좋아도 거래량이 중요한 이유

'거래량이 적다고 문제가 되나?'라고 반문할 수 있다. 맞다. 거래량이 적다고 주가가 꼭 저평가받는 것도 아니다. 하지만 거래량이 적으면 리스크에 노출되기 쉬워지게 되고, 그 리스크가 기업의 손실을 넘어 사회적인 이슈가 된다면 적은 거래량은 큰 약점이 될 수 있다. 지난 4월 말 소시에테제네랄(SG)증권에서 쏟아져 나온 매도 물량 때문에 삼천리, 선광 등 8개 종목이 연일 하한가를 기록한 적이 있다. 확인 결과, 전문적인 조직들이 벌인 주가조작으로 드러났다. 그들이 타깃으로 삼은 위 회사들의 중요한 공통점 중 하나는 거래량이 적다는 점이었다. 거래량이 적을 때 상대적으로 적은 금액으로도 주가를 위아래로 조절하기 쉬워진다는 점 때문에 타깃이 된 것이었다.

거래량이 중요한 또 다른 이유를 보자면, 거래량이 적은 종목은 기관투자자들에게 기피 대상이 된다. 적은 금액으로도 주가가 크게 움직이다 보니, 사고 팔기가 불편하다. 거래 금액이 커지면 장기간 해당종목을 거래해야 목표한 금액만큼의 주식을 사거나 팔 수 있다. 가령 일 거래량이 10억 원 미만인 회사에 100억 원만큼의 주식을 매도한다고 가정해보자. 이때 최소 15일 이상은 거래에 매달려 있어야 목표를 달성할 수 있다. 만약 이 기간에 공교롭게도 회사 또는 회사가 속한 산업에 악재가 터지면, 주가가 크게 빠지게 되고, 기관투자자는 계획했던 수익에 훨씬 못 미치는 결과물을 받아 들거나 아예 계획을 연기해야 하는 상황에 놓이게 되기도 한다. 낭패가 아닐 수 없다. 이런 이유로 거래량이 적은 종목은 투자자들의 기피 대상이 된다. 그렇다면 어떻게 거래량을 개선할 수 있을까?

■ 거래량 부족 원인 파악이 우선이다

거래량을 개선하기 전에 우선 거래량이 적은 이유를 파악하는 것이 우선이다. 거래량이 적다는 말은 소외된 주식이 되어, 기관이든 개인이든 어떤 투자자에게도 선택 받지 못하고 있는 상황이라는 말이다. 그럼 왜 소외된 주식이 된 것일까? 이유는 다양하다. 첫째 유통 물량이 적은 경우, 둘째 주당 가격이 너무 비싼 경우, 셋째 회사의 대외 소통이 부족한 경우 등이다.

첫째, 유통 물량이 적은 경우는 대주주가 과반의 지분을 보유하고 있는 경우다. 통상 대주주가 보유 물량은 거래를 잘 안 하기 때문에 묶여 있는 주식이다. 대주주 보유분을 제외한 물량만 시장에 유통되다 보니 제한적인 수량만 거래 가능하여 거래량 부족 현상을 초래한다. 이를 개선할 수 있는 가장 확실한 방법은 대주주가 지분을 매도하는 방법, 유상증자 또는 우선주(CB, RCPS 등) 발행을 통해 지분을 희석하는 것 등이 방법이 될 수 있다. 대주주 지분을 매각할 경우 개인에게 그 자금이 들어가지만, 유상증자나 우선주 발행은 기업에 자금이 유입되기 때문에 더 좋은 선택지가 될 수 있다.

둘째, 주당 가격이 너무 비싼 경우는 시가총액에 비해 발행 주식 수가 적기 때문으로, 발행 주식 수를 늘려주면 바로 해결할 수 있다. 주식 수를 늘리는 방법은 액면분할과 무상증자가 있는데, 액면 분할은 재무적 장벽이 없다는 점이 장점이다. 과거 삼성전자는 액면분할 (50:1)을 통해 주당 200만 원이 넘던 주식을 4만 원으로 낮춰 거래량을 올리고, 더 많은 투자자 참여를 유도했던 것이 대표적인 사례이다. 무상증자도 주식거래량을 늘릴 수 있는 방법이다. 다만 해당 재원이 있어야 한다. 무상증자는 주식발행 초과금이라는 계정을 사용해야 하고 회사에 주식발행 초과금이 준비되어 있어야 한다. 상장회사들은 보편적으로 무상증자를 선택하는데, 이를 선택하는 이유는 절차상 액면분할보다 더 수월하기 때문이다. 액면분할은 주주총회 결의사항이지만, 무상증자는 이사회 결의를 통해 진행할 수 있다. 주주총회는 최소 한 달 이상의 시간을 들여 의사결정이 이뤄지지만, 이사회는 일주일이면 의사결정이 가능하다. 무상증자에 필요한 재원인 주식발행 초과금은 통상 상장 과정에서 확보가 되기 때문에 일반적인 상장회사의 경우 재원이 확보된 상태로 장애요인이 되지 않는다.

셋째, 기업의 대외 소통이 부족한 경우다. 기업과 투자자 간에 소통이 부족하게 되면, 투자자는 기업에 관심을 덜 두게 되고, 이러면 기업에 대한 판단이 어려워져 투자로 이어지지 않는다. 자연스럽게 거래량이 부족해지는 현상을 초래한다. 소통의 부족은 결국 대외 소통을 통해 해결해야 한다. 기업의 대외 소통은 IR(Investor Relations)과 PR(Public Relations)로 나눌 수 있는데, IR은 기업에 관심 있는 투자자를 대상으로 소통, PR은 대중을 대상으로 소통하는 것이다. 이 두 가지를 통해 부족한 소통을 해결할 수 있다. 이 중 IR을 잘하려면 기업을 잘 알아야 하고, 고객(투자자)을 잘 알아야 하고, 시장(코스피, 코스닥)을 잘 알아야 한다. 그래야 원활한 소통이 이뤄질 수 있다. 투자자와의 원활한 소통은 몇 가지 약속된 방법과 툴을 통해 가능하다. 정기적인 실적 공유와 설명(분기 실적 또는 월별 실적), 정기적인 미팅 진행(NDR, 콘퍼런스), Fact Sheet(세부 실적자료), 공시, IR자료 등이다.

■ 투자로 이어지는 효과적인 소통의 IR

투자자들은 수많은 회사를 만나고 모니터링하기 때문에, 모든 회사의 변동 상황에 대해 일일이 체크하기 어렵다. 거기에다 뉴스나 검증되지 않은 찌라시를 통해 얻게 되는 회사 정보는 신뢰하기가 어렵다. 그렇기 때문에 회사가 정기적으로 투자자를 만나 검증된 자료를 제공해 준다면 투자자로서는 고마운 서비스가 될 것이고, 회사를 이해하는 것도 더 수월해져, 회사에 대한 투자로 이어질 확률도 올라가게 된다. 실제로 미국에서 잘하는 IR과 그렇지 않은 IR이 기업가치에 미치는 영향이 무려 35%나 된다는 연구 결과가 〈그림3〉처럼 나왔다.

〈그림 3〉 IR이 기업가치에 주는 영향

출처 : Revel

　　만약 회사의 IR이 효과적이지 않다면 현재 회사가치는 최대 35%의 디스카운트를 받고 있다고는 할 수 있다. 반대로 IR을 효과적으로 하기 시작한다면 현재 회사주가를 35% 올릴 수도 있다는 얘기가 된다. 필자는 효과적인 IR은 효과적인 소통이라고 생각한다. 기업의 효과적인 소통이 얼마나 중요한 요소인지를 느꼈던 기회가 있었다. 필자가 참석했던 글로벌 컨퍼런스에 참석했던 연설자의 이야기였다. "투자자들이 제일 먼저 매도를 결정하는 종목은 어떤 종목인지 아는가?"라는 질문에 많은 사람이 손실이 많이 난 종목 또는 충분한 수익이 난 종목이라고 답했다. 그런데 연설자의 대답은 의외의 것이었다. 그는 '잘 모르는 종목'이라고 답했다. 이유는 이랬다. 어떤 종목이든 내가 판단이 되어야 계속 들고갈지 매도를 할지 결정을 내릴 수 있고, 그 결정에 대한 책임을 질 수 있는 것이다. 어떤 종목이든 판단이 되어야 하는데 판단이 안되는 종목은 어쩔 수 없이 가장 먼저 매도하는 종목이 된다. 그렇다면 판단이 안되는 종목은 어떤 종목인가? 정보가 충분치 않거나, 회사에서 제공하고 있는 정보가 신뢰가 안될 때라는 대답이었다. 그만큼 투자자와 효과적인 소통이 중요하다. 투자자들은 기업이 생각하는 것 이상으로 소통에 가치를 부여하고 있다. 그럼 이제 효과적으로 소통하고 싶은가? 투자자와 효과적으로 소통하고 싶다면, 몇 가지 실행해야 할 절차와 원칙이 있다. 필요절차로는 소통 창구를 만드는 것이다. 소통의 창구는 정기적인 기업 IR 실행, 주기적 실적공시, 매월 기업뉴스레터 발송 등의 방법이 있을 수 있다. 보조 수단으로, 뉴스미디어를 통한 보도자료 송출도 효과적인 소통 방법이 될 수 있으니, IR과 PR의 콜라보를 통해 효과적인 소통 창구를 구축해 보기 바란다. 그리고 소통의 원칙이 필요하다. 원칙은 지속적이고 일관되게 사실(Fact)을 기반으로 소통하는 것이다. 불규칙적인 소통과 부정확한 소통은 안 하는 것 보다 못한 소통이다. 원칙을 지킬 자신이 없다면 시작하지 않을 것을 권면한다.

이처럼 다양한 요인에 의한 거래량 부족 현상 해소 방법들을 소개했는데, 결국 실행력이 있어야 한다. 실행의 중심적인 역할을 하는 것이 IR조직이다. IR조직이 강하다면 제시한 방법들을 더 안정적이고 효과적으로 진행해 줄 것이다. 따라서 경쟁력 있는 IR조직 꾸리는 것을 먼저 실행하기를 추천한다.

6. 개인주주비중이높은회사, 개인주주비중을높이고 싶은 회사

■ 증가하는 개인투자자

"팀장님, 개인투자자들이 회사 앞에서 시위한다는 데요. 어떻게 하죠?"

"개인투자자 응대가 힘들다고 OO 대리가 퇴사한다고 합니다."

"개인투자자가 회사로 찾아온다고 하는데 만나야 할까요?"

최근 몇 년 사이 한국에 개인투자자가 부쩍 늘었다. 22년 말 기준 국내 상장기업 주식을 보유한 개인투자자가 1,400만 명을 넘어섰다. 국내 인구의 4분의 1 수준이다. 한국예탁결제원이 발표한 '2022년 12월 결산 상장법인 주식 소유자 현황'에 따르면 지난해 12월 결산 상장법인 2,509사의 소유자는 8,625만 명으로 집계됐다. 중복 소유자를 제외하면 1,441만 명으로 전년 대비 4.1% 증가했다. 싱장기업 주식 소유자는 2018년 561만 명을 기록한 이후 5년 연속 증가세를 이어가고 있다.

소유자 형태별로 보면 개인이 1,424만 명으로 98.8%의 비중을 차지했다. 법인은 4만 3,000사인 0.3%로 집계됐고 외국인은 3만 3,000명(사), 0.2%로 나타났다. 1인(법인)당 평균 소유 주식 수는 법인이 94만 주로 가장 많고, 외국인 41만 주, 개인 3,940주 순으로 나타났다. 개인투자자별 연령을 보면 40대가 327만 명인 22.9%로 가장 큰 비중을 차지했다. 이어 50대가 21.2%, 30대 19.9%, 20대 12.7%, 60대 12.4% 순으로 나타났다. 소유 주식 수 비중은 50대가 192억 주인 34.2%로 가장 큰 비중을 차지했다. 이어 40대 23.0%, 60대 22.6%, 30대 8.2%, 70대 7.5% 순으로 집계됐다.[4]

이 통계가 말해 주듯이 최근 개인투자자의 주식시장 참여는 지속해서 확대하고 있고, 그에 따른 순기능과 역기능이 공존하고 있다. 그 순기능은 다른 장을 통해 다루고 이번 장에서는 역기능과 대응 방안에 대해 생각해 보고자 한다.

■ 개인주주, 좋을 때는 든든한 우군, 안 좋으면 엄격한 감독관

"주주들이 회사 정문과 대표님 자택 앞에서 시위를 예고했습니다. 어떻게 대응하는 게 좋을까요?"

새 직장에 처음 출근해 받은 소식이었다. 회사는 국내에서 손꼽히는 미용 의료기기 회사였고, 수출 비중이 70% 이상인 글로벌 기업이었다. 특히 미국 시장에서 성장 속도가 높은 회사였다. 그런데 주가는 그런 기업 가치와 반대로 가고 있었다. 원인은 본업과 다른 곳에 있었다. 회사는 약 5년 전에 안과 사업 진출을 선언하였고, 사업에 필요한 자금을 유

---

4 출처 : IT Times, 〈주식투자자 수 1400만명 넘어… 하락장에도 5년 연속 증가〉, 2023.03.17

상증자로 조달했다. 이때 개인주주들도 회사의 비전에 동참하여 증자에 참여하였다. 그렇게 시작한 안과사업이 진행되는 과정에서 예기치 않은 변수들이 발생하였고 변수가 발생할 때마다 결과물을 얻게 되는 시기도 늦춰지게 되었다. 일반적인 일이다. 사업이 계획대로만 된다면 실패하는 사업이 왜 생기겠는가? 개인주주와 회사와의 갈등은 사업에서 발생된 변수들이 원인이 아니라 변수가 발생했다는 사실에 대해 주주들과 적절한 소통이 이뤄지지 않았다는 점이 원인이라 판단했다. 그렇게 불만을 가진 개인주주들이 회사에게 정보를 투명하게 공개하라는 명분으로 시위를 진행하게 된 것이었다. 개인주주들은 회사의 안과사업이 계획대로 잘 진행되고 있으며, 조만간 그 결과물을 보게 될 것이라 생각하고 있었다. 그리고 회사가 그 사실을 일부 기관투자자에게만 선별적으로 제공하고 있다고 오해하고 있었다. 주가의 하락은 안과 사업에서 만들어지고 있는 좋은 뉴스가 시장에 적절하게 소통되고 있지 못해서 일어나고 있는 현상이기 때문에 회사에서 시장과 소통만 잘 한다면 주가는 자연스럽게 오를 것이라고 믿고 있었다. 그래서 회사가 그렇게 하도록 압박해야 한다는 명분으로 시위를 기획한 것이었다. 개인주주들의 회사 압박은 비단 회사 앞 시위만이 아니었다. 시위 사실을 언론사에 알려 뉴스보도가 되게 했으며, 회사에 하루 평균 30통 이상씩 항의 전화를 걸어왔고, 담당자에게 욕설과 감정을 배설했다. 그로 인해 회사의 IR담당자와 개인주주 응대 담당자가 수시로 바뀌는 악순환의 연속이었다. 회사는 이 문제를 해소하기위해 개인주주 전화 대응만을 위한 외부 용역 서비스를 도입했다.

하지만 이 방법은 문제를 해결하기보다 상황을 더 악화시켰다. 주주들이 알고 싶었던 것은 사업 진행 상황 업데이트였는데, 그 내용이 공시와 연결된 민감한 내용이 포함되어 있다 보니 외주업체가 응대하는 것에도 한계가 있었다. 외주업체 담당자도 사람이다 보니 감정적인 피로도를 감당하기 어려웠고, 회사를 담당하는 상담사가 자주 바뀌는 악순환이 반복되고 있었다. 결국 회사 앞 및 대표이사 자택 앞에서까지 시위가 이어지게 되었다. 당시 회사는 이러다 말 거라고 생각했을 것이다. 물론 회사 생각대로 흘러갔을 수도 있었다. 하지만, 안타깝게도 회사가 바라는 모습대로 상황은 흘러가지 않았다. 물론 많은 경우는 회사가 희망하는 방향으로 흘러가기도 한다. 하지만 그렇지 않을 수도 있다. 그리고 피동적인 대응이 언제나 옳은 것은 아니다. 오히려 명확하고 적극적인 자세가 나은 접근방법이라 생각했다.

이 상황에 적극적이고 명확한 자세로 IR을 한다면 어디서부터 어떻게 시작해야 할까? 필자는 개인주주와의 "올바른 소통이 그 시작점이 되어야 한다."고 생각했다. 그리고 올바른 소통을 위해 회사의 비즈니스와 그 외 상황에 대해 명확하게 파악하는 것이 우선이 되어야 한다고 생각했다. 그것이 중·장기적으로 회사와 개인주주간의 갈등 해결방안이라 생각했다. 현장에 있으면서 많은 경우 당장 개인주주가 원하는 것은 주가 상승이고, 회사가 단기 주가상승을 위해 노력한다는 액션을 취한다면 문제가 해결될 것으로 판단하고 접근하는 회사들을 많이 보았다. 그 방법론으로 무상증자, 자사주 매입 등의 임시방편을 선택하곤 한다. 어떤 경우에는 이전상장이라는 초강수를 두기도 한다. 하지만 이런 방법들은 단기 효과로 그치는 경우가 대부분이다. 목적이 단기 주가부양에 있다면 효과를 볼 수도 있을 것이다. 하지만 결국 중장기적으로 주가를 움직이는 건 그 회사의 실적으로 드러나는 내재 가치이기 때문에 지속적인 방법이 되기 어렵다. 이 회사의 주가 하락의 근본 원인도 실적 악화에 있었다. 따라서 단기적 접근방법은 고려하지 않았다.

먼저 시작한 것은 회사 사업흐름에 대한 명확한 파악이었다. 당시 회사는 속해 있는 미용 의료기기 시장이 가처분 소득 증가와 함께 계속 성장할 것으로 판단하고 있었고, 그 중에 미국시장 및 유럽시장을 매력적으로 보고 있었다. 미국과 유럽시장 확대를 위해서는 경쟁력 있는 신제품이 필요하다는 판단 하에 신제품 개발에 투자를 많이 하고 있었디. 매년 매출의 10% 이상을 신제품 개발에 투입하다 보니, 매출은 증가하지 않는 상황에서 비용이 커져, 적자 규모가 커지고 있었던 것이다. 당시 기관투자자들과 만나보면 회사의 이런 상황을 알고 있는 곳은 하나도 없었고, 오직 안과사업 결과물이 언제 나오느냐는 질문만 돌아왔다. 개인주주들과 크게 다르지 않은 상황이었다. 아쉬운 대목이었다. 회사에서 IR을 통해 회사의 일련의 과정을 설명하고 있었다면 주가 하락은 피할 수 없었을 지라도 신뢰까지 잃는 일은 없었을 것이고, 투자자들이 결과가 한참 동안 나오지 않을 안과사업만을 바라보고 있게 만들지 않았을 터라는 생각이 들었다. 기업 메시지 전환이 필요했다. 그래서 IR스토리를 먼저 점검했다. 현재 회사는 성장하는 산업에 속해 있으며, 경쟁우위를 가져가기 위해 신제품이 개발되고 있고, 지금은 투자기이지만 곧 투자에 대한 결실로 실적은 개선될 것이라는 내용으로 근거 확보하여 IR자료를 만들어 기관투자자들과 뿐 아니라 개인투자자들과도 동일한 내용으로 소통하기 시작했다. 그와 동시에 몇 가지 원칙을 세워 개인주주들과 회사간의 갈등을 근본적으로 해소하기 위해 노력했다. 첫째 개인주주들이 오해하고 있는 내용을 바로잡자, 둘째 회사의 비전과 사업 방향을 명확하게 공유하자, 셋째 일관되고 지속적인 방법으로 진행하자, 넷째 다수와 동시에 소통하자는 방향으로 접근하기로 원칙을 세웠다. 가장 먼저 시작한 것은 개인주주 응대를 위해 이용하고 있던 용역서비스를 종료하고, 회사에서 직접 응대하는 방식으로 소통 방법을 변경하였다. 그리고 응대는 책임자인 내가 직접 진행하였다. 그와 동시에 자주 전화하는 단골 투자자들은 회사에 내방하여 직접 설명을 듣도록 권유하였다. 이 방법에서 긍정적인 부분은 투자자들을 응대하며 개인적으로 회사에 대한 이해가 깊어졌다는 점과 회사에 대한 투자자들의 눈높이를 알 수 있게 되었다는 점이었다.

이러한 이해를 바탕으로 개인투자자들과 정기 미팅을 진행했다. 개인투자자들과의 단체 미팅은 매 분기 실적 발표와 함께 진행했다. 내용은 실적 리뷰와 향후 사업 전망, 안과사업에 대한 업데이트로 구성했다. 초기 이들의 질문은 안과사업에 관한 것이 대부분이었다. 안과사업 결과물이 주가 상승의 핵심이라고 여기고 있었기 때문이다. 잘못된 생각이 아니었으나, 문제는 안과사업의 결과물을 단기에 볼 수 없다는 점이었다. 그래서 투자자들에게 회사의 캐시 카우(Cash cow)인 미용 의료기기 사업에 대한 현재 상황과 미래 전망을 설명하는 데 공을 들였다. 6개월이 지나자 조금씩 그 효과가 나타나기 시작했다. 매일 30통 이상 걸려 오던 항의성 전화는 10통 이하로 줄었고, 안과 관련 질문 위주에서 본업과 관련된 질문들로 바뀌어 가기 시작했다. 1년이 지나자, 항의성 전화는 1주일에 10콜 이하로 줄었고, 주요 질문 사항은 실적 관련 내용으로 채워졌다.

〈그림 4〉 개인주주 기업 전화 빈도 변화

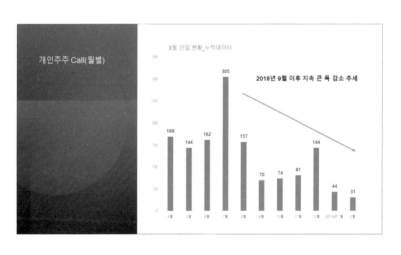

그렇다면 1년간 주가는 어땠을까? 우상향했을까? 그 반대였다. 1년간 주가는 지속해서 하락하는 모습을 보였다. 실적이 더욱 악화되고 있었기 때문이었다. 그럼에도 개인주주들의 항의가 줄어들고 질문이 달라

졌던 건 회사가 제대로 된 소통을 하기 시작했기 때문이었고, 그것이 개인주주들이 회사에 진정으로 바랐던 첫 번째 모습이었기 때문이라 생각한다. 이후부터 개인주주들은 오히려 회사의 든든한 우군이 되어 주주총회의 성공적인 진행을 도왔으며, 홍보대사가 되어 긍정적인 이미지 생성에 도움을 주기도 하였다.

〈그림 5〉 주주활동 과정과 주가 흐름

회사의 사업계획은 다양한 이유로 어긋날 수 있다. 주주들도 그 점을 알고 있기에 목표 미달에 대해 회사에 전적으로 책임을 묻지는 않는다. 하지만 왜 목표가 달성되지 않았는지 앞으로는 어떻게 될 것인지에 대한 설명과 공유가 적시에 충분히 이뤄지지 않는다면, 불만과 오해가 생길 수 있고, 이것이 쌓이면 시위로까지 확대될 수 있다. 그래서 개인주주가 많은 기

업에서 우선시 되는 전략은 약속된 소통 창구를 열어 두는 것이다.

　개인투자자에 대한 이해를 바탕으로 소통을 용이하게 하기 위해 특징을 조금 더 살펴보겠다. 이유는 개인투자자 비중이 점점 늘어나고 있다는 사실 때문이다. 특히 시가총액이 작을수록 그 비중이 높다는 것을 통계자료로 확인할 수 있다. 이는 시가총액이 작을수록 개인투자자 관리에 더 집중해야 할 필요가 있음을 시사한다.

〈그림 6〉 시가총액 별 개인투자자비중

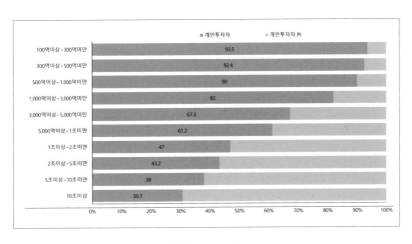

출처 : IR KUDOS

　개인투자자가 투자 정보를 습득하는 경로는 다양하다. 대표적으로 증권방송, 뉴스매체, 종목리포트, 주식투자동호회(카페), 지인 그리고 요즘은 유튜브 채널이 주요 투자 정보 습득 수단이 된다. 이들이 회사에서 관리해야 할 지점이 총 6개가 된다. 그중 지인이나 증권방송 등은 회사가 관리하기에는 무리가 따르지만, 나머지 경로는 회사가 의지만 있다면 충분히 가능하다. 가령 뉴스매체에서 회사에 대한 잘못된 정보나, 부정적인 내용을 다루는 일이 발생했다고 하자. 팩트에 어긋난 내용은 담당 기자와 연락해 바로잡을 수 있다. 부정적인 기사는 회사 발 기사를 통해 다른 뉴스로 덮거나, 같은 내용을 다른 시각에서 볼 수 있도록 유도할 수 있다. 물론 전문적이고 효과적인 접근이 필요한 영역이라 회사 홍보팀의 역량에 따라 그 효과는 크게 차이가 날 수 있다. 그리고 유튜브 채널도 회사의 공식적인 소통 채널을 만들어 왜곡된 정보가 유통되지 않도록 선제적으로 관리할 수 있다.

다음으로 가장 보편적인 공간이 종목 게시판, 주주 모임 단톡방, 종목 카페 등이다. 그중 가장 많은 사람에 노출되는 공간은 종목 게시판이다. 필자도 매일 업무 중 하나가 종목 게시판 스캐닝이다. 글의 대부분은 가볍게 넘길 수 있는 내용이고 때때로 회사가 꼭 설명해야 할 내용도 있다. 그런 글을 발견했을 때 필자는 두 가지 방법으로 소통했다. 오해가 확산되면 안 되는 내용에 대해서는 즉각적으로 대응하는 방법을 취하였는데, 소속과 이름을 밝힌 후 잘못된 정보를 바로잡는 내용으로 종목게시판에 글을 올리는 방법을 취했고, 시급하지 않은 내용의 오해는 분기마다 이뤄진 투자자 미팅에서 관련 내용을 다루는 방법을 취했다. 그 내용이 오해가 아니라 사실이라면, 그 사실을 어떻게 해석할 수 있는지 회사 차원에서 설명했다. 대부분 투자자들은 그런 적극적인 소통을 긍정적으로 받아들였다.

한편 이런 개인투자자들의 활동에 유연하게 대응하기 위해 선진 기업들의 커뮤니케이션도 다양해지는 모습이다. 해외기업들은 웹캐스팅을 통해 적극적으로 소통을 진행 중이다. 국내에서도 이런 방향을 적극적으로 반영하는 회사들이 속속 나오고 있는 모습이 발견된다.

〈그림 7〉 해외기업 웹캐스팅 사례

출처 : IR KUDOS 제공

〈그림 8〉 기업 영상 커뮤니케이션 사례

출처 : 한국IR협의회

소통 측면으로 보면 긍정적이고 바람직한 모습이라 생각한다. 물론 회사 차원에서는 영상을 통해 투자자와 커뮤니케이션하는 방법이 여간 부담스러운 게 아니다. 한번 올린 영상은 정정하기 어렵고 반영구적으로 노출된다. 그래서 준비가 철저해야 하고, 내용은 여러 번 검토한 후에 공개되어야 한다. 그럼에도 이런 적극적인 소통은 실보다 득이 커 고려해 볼 선택지다.

지금까지 개인주주들의 특징과 기업의 다양한 소통 방법을 살펴보았다. 이제 다시 처음으로 돌아가 보자. 개인주주가 많은 회사, 또는 개인주주 비중을 높이고 싶은 회사는 무엇을 신경 써야 할까? 바로 소통이다. 소통은 즉각적이고 적극적인 방법으로 접근해야 효과적이다. 또한, 일관되게 진행되어야 한다. 기업이나 회사에 악재가 발생할수록 더욱 적극적인 소통을 진행해야 하며, 일회성 이벤트가 아닌 지속적인 방향으로 자리 잡아 갈 수 있도록 관리해야 한다.

7. 행동주의펀드에 노출된 회사

■ 행동주의펀드란?

행동주의펀드는 기업 주식을 매수하여 주주의 지위를 확보한 후 기업의 의사결정에 적극적으로 영향력을 행사하여 이익을 추구하는 펀드를 말한다. 주주행동주의(shareholder activism)는 사모펀드 및 기관투자자, 소액주주와 같은 주주들이 기업의 다양한 경영 현안에 대한 의사결정에 적극적으로 개입하며 이익을 추구하는 활동을 의미한다.

〈그림 9〉 행동주의펀드 활동 추세

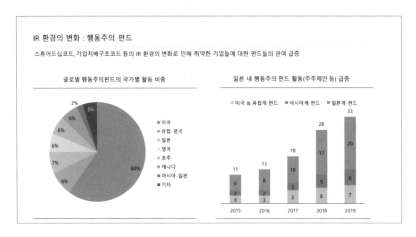

출처: IR KUDOS

행동주의펀드는 요구사항이 다양한데, 다른 기업과의 인수·합병(M&A)이나 자사주 매입, 배당 확대, 재무구조 개선, 사외이사 확충 요구와 같은 전략 등을 기업에 요구하기도 한다. 주주행동주의는 기관투자자나 헤지펀드의 경영 관여, 위임장 대결(proxy fight), 개인투자자의 주주제안 등으로 구분된다. 헤지펀드와 사모펀드는 기업 매각, 구조조정 등을 통해 기업가치를 신속하게 높이는 데 목적이 있고, 노동조합, 공적 연기금, 뮤추얼펀드 등의 투자기관은 주로 지배구조 개선에 목적으로 두고 사외이사나 감사위원 선임과 관련한 전략을 요구하기도 한다.

〈표 5〉 행동주의펀드 국내기업 사례1 (외국계 행동주의펀드)

연도	행동주의펀드	대상기업	내용
1999	타이거펀드	SK텔레콤	경영진교체, 사외이사 제도 도입
2003	소버린 자산운용	(주)SK	경영진사회, 부실계열사 지원 반대
2004	헤르메스 인베스트먼트	삼성물산	삼성전자 지분 매각
2005	칼 아이칸	KT&G	인삼공사 매각, 부동산 처분
2015	엘리엇 매니지먼트	삼성물산	제일모직과 합병반대
2018	엘리엇 매니지먼트	현대차그룹	현대모비스와 현대자동차 합병 요구
2020	화이트박스	LG	계열사 분리 반대

출처: 자본시장연구원

■ 행동주의펀드에 대한 대비

이러한 주주행동주의를 실천하는 펀드를 행동주의펀드라고 하며, 주로 저평가된 기업이나 기관투자자 보유 비율이 높은 기업을 대상으로 가치를 끌어올리기 위해 주주로서 경영에 관여한다. 행동주의펀드는 특정 기업의 주식을 대량으로 매수하여 주주로 등재한 후, 의결권 행사 등 다양한 전략을 통하여 기업가치 증대를 위한 전략을 추구한다. 주로 비교 대상이 되는 동종업계 기업(peer group)에 비해 저평가되어 있고 해당 기업의 문제점만 해결하면 기업가치 증대가 예상될 경우 행동주의펀드 대상 기업이 될 수 있다. 이런 행동주의펀드에 대해서는 평가가 엇갈리는데, 주주권 행사, 주주제안을 통한 경영 참여 증가 경영진 교체, 배당 확대 및 자사주 매입 등 단기 이익 극대화를 위해 장기 성장을 희생시킨다는 비판을 받는가 하면, 반대로 지배구조 개선, 기업 투명성 확대 등 기업의 긍정적 변화를 유도한다는 시각도 존재한다. 만약 우리 기업도 행동주의펀드에 노출되어 IR에서 적절한 사전 대응 준비가 필요한 상황이라면, 내·외부 인력으로 구성된 전담 대응팀을 운용하거나, 경영 참여를 가정한 시나리오별 대응 방안을 수립하고 액티비스트(Activist)의 시각을 반영한 장기적 전략을 수립하여 지속적인 커뮤니케이션 및 장기 우호 주주 기반을 확대하는 것이 그 방법이 될 수 있을 것이다.

〈표 6〉 행동주의펀드 국내기업 사례 2(국내 행동주의펀드)

연도	행동주의펀드	대상기업	목적
2006	장하성펀드	대광산업, 한솔제지, 대한화섬 크라운제과, 화성산업, 동원개발	이사선임, 이사회 독립성 등 지배구조 개선
2018	KCGI	한진칼	지배구조 재편, 부채비율 개선
2019	KB주주가치포커스	SM엔터테인먼트	라이크기획과의 합병 및 배당
2022	안다 자산운용	SK케미칼	SK바이오사이언스 지분매각
		KT&G	사외이사 후보 추천, 배당 확대, 인삼공사 분할
	얼라인 파트너스	SM엔터테인먼트	라이크기획 계약종료, 사외이사 비율 확대
		JB금융지주	배당확대 및 사외이사 선임
	라이프 자산운용	㈜SK	자사주소각
	트러스톤 자산운용	BYC	내부거래공정성
		태광산업	흥국생명 유상증자 참여 중단
	VIP 자산운용	아세아시멘트	배당확대 및 자사주소각

출처: 자본시장연구원

8. 자금조달이 필요한 회사

■ 데스벨리

신생기업은 종종 재정에서 어려움을 겪는다. 사업을 시작하면 고정비용이 발생하게 되는데, 아직 안정적인 매출 기반이 마련되지 않으면 매월 마이너스 재정을 운영하게 되고, 때로는 '데스밸리(Death Valley)', 일명 '죽음의 계곡'을 지나게 된다. 데스밸리는 안정적인 매출 기반이 갖춰지기 전 단계의 회사가 자금조달의 어려움 또는 시장진입에 어려움을 겪으며 도산 위기에 놓인 상태를 지칭하는 용어이다. 자금은 흔히 기업의 피와 같다고 표현한다. 피가 돌지 않으면 사람이 죽게 되듯 기업 또한 지속 불가능해진다. 잉여현금의 적정 수준을 정의할 수는 없지만, 조달 측면에서는 보통 기업의 2년 이상의 운영비가 보유된 시점에서 진행하는 것을 권장한다. 왜냐면 투자자로서는 가장 먼저 보는 것이 기업의 자금 현황이고, 이 기업이 왜 이 시점에 자금조달을 진행하는지 그 사유가 투자 결정에 중요한 요소 중 하나이기 때문이다. 가령 이 기업의 운영자금이 모자라서 조달한다고 하면 투자 매력도는 떨어진다. 기업 존속을 위한 조달이기 때문이다. 반대로 기대되는 신제품 또는 매출 증가에 따른 생산시설 증가 등의 이유로 자금조달을 한다면 매우 좋은 명분이 된다. 내가 투자한 돈이 기업을 키우는 데 쓰이게 되고 그렇게 기업이 커지게 되면 기업 가치가 올라가 투자 수익이 많아지게 되기 때문이다. 그래서 투자자가 가장 먼저 물어보는 것이 "왜 투자를 받고자 합니까?"라는 질문이다. IR부서는 이 질문에 대해 완성도 있는 답변을 만들고 지속해서 시장에 알리는 역할을 하며, 투자자 풀을 확보하는 역할도 해야 한다.

투자자들이 가장 먼저 회사에 연락을 시도하는 곳은 IR부서 또는 자금팀이다. 자금팀은 특성상 외부에 공개되어 있지 않기 때문에 접근이 어렵고, 투자자와의 커뮤니케이션이 원활할지에 대한 의문이 있다. 이럴 때 IR부서를 적극 활용하는 것이 좋다. IR부서는 투자 형태에 맞는 IR메시지와 시점을 고려해 이에 대응해야 한다. 가령 유상증자를 진행할 경우, 투자자의 투자의사 결정 시점에 회사의 우호적인 이벤트를 적절히 투자자와 커뮤니케이션하여 알림으로써 투자를 적극적으로 끌어내야 한다.

통상 바이오 기업은 기대되는 임상 진행 이벤트가 있는 시점에 자금을 조달하거나, 임상에 대한 긍정적인 논문 발표 시점에 조달하는 것이 좋다. 신기술 기업은 인지도 있는 거래처와의 계약 및 MOU 계약 등이 있을 때 진행하는 것이 좋다. 이처럼 다양한 기업의 이벤트에 맞는 IR의 전략 수립은 기업목표를 더 수월하게 달성하게 하기도 하고, 더 나은 결과물을 끌어낼 수도 있다.

지금까지 기업의 당면 과제 해결을 위해 IR이 어떤 전략적 접근을 할 수 있는지 사례를 통해 살펴보았다. 인생에 있어서 정답이 없듯이, 기업 과제를 해결하는 방법도 정답은 없다. 그럼에도 한 가지 꼭 놓치지 않고 지켜야 한다고 당부하고 싶은 부분은 바로 투자자와의 원활한 소통을 유지하라는 것이다. 앞서 소개한 다양한 사례에서 문제를 풀어가는 방식의 근간은 "원활한 소통"이었다. 소통을 어떻게 풀어갈지에 대한 방법론이 달랐을 뿐 결국은 소통을 개선하는 것이 문제 해결의 열쇠가 되었다. 본문에서 소개한 수많은 사례와 방법들을 모두 기억할 필요는 없다. 그중 한 가지 꼭 돌아보기를 권면하는 것은 우리 회사는 시장, 투자자, 고객과 잘 소통하고 있는가를 돌아보고 명확하게 그렇다고 대답할 수 없다면, '어떻게 잘 소통하는 기업이 될 것인가?'라는 질문으로 시작해 보라는 것이다.

ESG와 IR

심상보 상무 | LG전자

Chapter 4 │ ESG와 IR

1. ESG 개관

■ 부상하는 ESG

기업의 사회적 가치(SV, social value) 창출 중요성과 더불어, 기업 경영과 투자 분야에서 환경(E)·사회(S)·거버넌스(G), 즉 ESG의 중요성이 날로 커지고 있다. 최근 ESG는 전 세계적인 트렌드로 확산하고 있으며, 이에 따라 소비자, 투자자, 정부 등 모든 사회구성원의 관심이 고조되면서 선택이 아닌 기업의 생존과 성장을 위한 핵심 요소로 부상하고 있다.

ESG는 '사업목적' 측면에서는 기업 가치를 제고하기 위해 기업 경영에 내재되어야 하는 필수적인 사회적 가치 요소로 자리매김하고 있으며, '자본조달' 측면에서는 투자자들이 투자 대상 기업의 핵심 가치로 고려하는 경영 관리 요소로, '지속가능' 측면에서는 기업의 지속가능한 성장을 위해 반드시 점검해야 하는 리스크 관리 요소로 자리 잡았다.

이러한 변화는 IR부서가 역할과 책임을 새로운 관점으로 준비할 것을 요구하고 있다. 대외적으로는 투자자 및 자본시장의 참여자들을 대상으로 공시를 포함한 다양한 방식을 통해 회사의 현황을 설명하고 투자를 유도하는 것이고, 대내적으로는 시장 의견을 최고 경영진(Top Management)에 전달함으로써 올바른 경영 의사결정이 이루어질 수 있도록 지원하는 것이다.

하지만 국내에서 최근 몇 년간 ESG 경영과 관련하여 설명해 주는 콘텐츠들은 빠르게 늘어난 반면, 아직 IR관점에서의 ESG 경영을 다루는 내용은 접하기 어렵다. 이번 기회를 통해 ESG의 기본적인 개념을 정리하고 ESG와 IR관점의 기업가치평가가 어떠한 연계성을 가지고 있는지, 현재 ESG 관련 투자시장은 어떤 흐름을 보이고 있는 지와 함께 현 시장 환경 속에서 성공적인 ESG 경영을 위한 IR의 역할은 무엇인지 알아보도록 하겠다. 또한, 어떻게 IR활동을 준비해야 하는지 등을 ESG와 IR전략 전반을 두고 종합적인 접근을 시도해 보고자 한다.

■ ESG : 환경, 사회, 거버넌스

모든 논의에 앞서, ESG 개념을 간략히 정리해 보아야 한다. 불과 3년 전만 해도 ESG는 국내에서 전문용어로 취급 받았지만, 지금은 ESG가 국내외에서 하나의 트렌드를 넘어 기업의 경영 전략을 구성하는 중요한 요소 중 하나이자 기업 경영 활동의 성과 및 리스크 수준을 평가하는 새로운 지표가 되었다.

ESG 개념을 들여다 보면 환경(Environmental), 사회(Social), 지배구조(Governance)의 약칭으로, 기업이 활동하는 데 있어서 환경과 사회적 책임을 고려하고, 지배구조를 개선함으로써 재무적인 위험을 줄이고 지속 가능한 발전이 실현될 수 있다는 철학을 담고 있다.

이러한 ESG 각각의 키워드 안에는 세부적인 내용이 포함되어 있다.

구체적으로 살펴보면, 환경(E) 영역에는 환경 경영에 대한 계획과 실행, 환경 경영의 성과관리 및 보고, 환경 관련 이해관계자 대응에 대한 내용이 포함되어 있고, 사회(S) 영역에는 근로자의 고용 및 근로조건, 직장 내 안전 및 보건 등에 대한 내용과 협력회사 및 경쟁사와의 공정경쟁, 부패방지와 관련된 내용, 소비자의 개인정보 보호와 소통, 제품의 안정성, 지역사회 발전을 위한 참여와 지역주민과의 소통 등의 내용을 담고 있다. 거버넌스(G) 영역은 조직의 의사결정 체계, 의사결정의 작동 원리 및 시스템을 의미하며, 주주의 권리와 책임, 이사회의 구성과 의무 및 책임, 내·외부 감사기구, 이해관계자의 권리보호, 시장에 대한 공시 및 경영권의 투명성이 중요하다는 내용을 포함한다.

■ IR활동에 ESG가 부상하는 이유

앞서 설명한 ESG의 개념적 정의를 자세히 보면, 많은 부분에서 과거 십여 년간 지속해 논의되었던 포괄 개념으로서의 지속가능경영 또는 이의 하위 항목인 '기업의 사회적 책임(CSR)' 또는 '사회적 가치 창출(CSV)' 등의 개념과도 많은 부분이 연결되어 있다는 것을 알 수 있다.

그렇다면 ESG는 왜 CSR, CSV와 같은 기존 개념들과 달리 시장의 지속적인 관심을 받고, 기업경영에서 전혀 다른 차원의 임팩트를 유발하고 있는 것일까? 그 이유는 ESG가 기업을 대상으로 한 자본시장의 투자활동과 직접적으로 연계된 개념인 데다, 실제 이를 투자의사 결정에 적용하고 있기 때문이다. 즉, ESG를 이해하고 그 기준을 충족하기 위한 기업이 준비하는 것은 일반적인 공공선(公共善)을 위한 기업의 자발적 기여라는 차원을 넘어, '시장으로부터의 자본조달'이라는 기업의 존속과 성장을 위해 필수적인 영역에 영향을 미칠 수 있는 요인으로 대두되기 시작했기 때문이다. 바로 이 부분이 ESG가 IR업무와 밀접하게 연계되는 출발점이 된다. 참고로, ESG의 개념과 위상은 상당 기간을 거치며 성숙되었다. 더 정확한 이해를 위해 ESG의 출발점에 위치한 UN PRI에 대해 간략히 살펴보겠다.

■ UN PRI의 책임투자 원칙

UN PRI(UN Principles for Responsible Investment, 유엔 책임투자 원칙)는 전 세계 기관투자자들의 책임투자 흐름을 이끄는 가장 큰 이니셔티브로, 2006년 유엔 사무총장이던 코피 아난이 주도해 만든 원칙이다. 2023년 1분기 기준 5,300여 개 이상의 금융기관이 참여하고 있다.

〈그림 1〉 전 세계 UN PRI 참여 현황

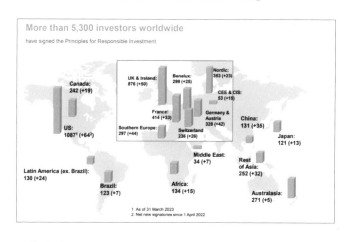

출처: "Signatory Update January to March 2023", UN PRI

UN PRI는 아래 그림에서 보는 바와 같이 여섯 가지 책임투자 원칙을 제시하고 있다. 그 내용은 투자분석과 의사결정 과정에 ESG 이슈를 통합하고, 투자 대상에게 ESG 이슈에 대한 정보 공개를 요구하며, 투자 산업의 책임투자 원칙 수용과 이행을 촉진하기 위해 노력한다는 것이다.

〈그림 2〉 UN PRI의 6대 책임투자 원칙

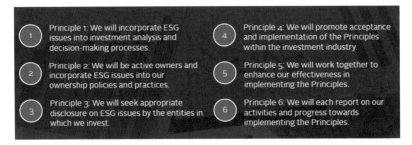

출처: "Six Principles for Responsible Investment", UN PRI

UN PRI가 2006년 출범하면서, 당시 코피 아난 유엔사무총장을 중심으로 블랙록(BlackRock) 등 글로벌 주요 투자회사가 '6대 책임투자 원칙'을 지키기로 서명하였다. 그러나 급격한 투자 원칙 변화가 자본시장에 악영향을 미칠 수 있고 투자 받는 기업들도 준비가 필요했기 때문에, ESG 투자를 점진적으로 확대하다가 15년 후부터 본격화하기로 약속했다. 그리고 15년이 되는 2020년이 되자 자본시장에서 ESG가 본격적인 화두로 떠오르기 시작했다.

처음 UN PRI가 출범한 이후 15년을 지나는 동안 기업 환경에도 많은 변화가 있었다. 단기 이윤만을 추구하는 기업에 의한 자연 훼손과 기업이 배출하는 탄소와 폐기물 증가로 기후변화가 심각해지면서, 재난과 재해의 발생이 빈번해졌고 그에 따른 직·간접적인 경제 피해가 급증했다. 아울러, 아동 노동 착취와 불공정 거래, 탈세 등의 반사회적 기업 활동으로 자본주의 경제 질서가 교란되면서 우리가 속한 사회와 이 사회를 지탱하는 기업들이 지속될 수 있을 것인가에 대한 의구심을 품기 시작했다. 이는 지속 가능한 성장을 위한 사회적 합의의 필요성을 대두시켰고, ESG에 더 주목하도록 했다.

정리하면, ESG 개념은 출발에서부터 글로벌 주요 기관투자자들이 참여하여 새로운 기업가치 평가의 준거를 정립한다는 의미를 내포하고 있었다. 그렇기 때문에, 기관투자자를 대상으로 회사의 상황과 미래의 성장 가치에 대한 소통을 수행해야 하는 IR부서에서도 이들과의 소통을 위해 ESG는 중요한 아젠다가 되었다.

2. 기업의 ESG 경영과 투자자의 효용

그렇다면 투자자는 왜 기업의 ESG 활동과 경영에 관심이 있는 것일까? 또 기업이 성공적으로 ESG 경영을 했을 때, 투자자에게 어떤 효용가치를 제공하게 되는 것일까? 이에 대해 자세히 알아보자.

■ ESG 경영의 개념

기업의 지속가능경영에 대한 필요성은 자발적 또는 외부 경영 환경에 의하여 부각되고 있다. 국내외 주요 기관에서 정의하는 지속가능경영에 대한 개념을 먼저 살펴보자. 지속가능성과 관련한 개념이 기관별로 다양하지만, 기업의 지속가능성에 대한 궁극에는 전통적인 경제 수익 추구가 사회적 책임성에 대한 고려와 함께해야 한다는 대전제가 깔려 있음을 알 수 있다.

〈표 1〉 국내 · 외 ESG 경영의 주요 개념

구분	기관	개념
해외	UNCED (UN 환경개발회의)	미래 세대의 필요를 충족시키면서 현재 세대의 필요도 동시에 충족시킬 수 있도록 경제 성장과 환경 보호를 동시에 달성
	Dow Jones (다우존스)	경제, 환경, 사회적 발전을 통해 파생되는 기회를 포착하고 리스크를 관리하여 장기적인 주주가치를 창출하는 비즈니스
	국제표준화기구 (ISO 26000)	기업활동으로 야기되는 사회에 대한 부정적 영향을 최소화하고, 기업의 사회적 책임을 통해 사회의 지속가능한 발전에 기여

국내	산업발전법 (제19조)	기업이 경제적 수익성, 환경적 건전성, 사회적 책임성을 함께 고려하는 지속가능한 경영 활동
	한국지속가능발전 기업협의회	환경, 경제, 사회의 지속가능성을 위해 노력하고 리스크를 최소화하며 주주가치를 포함한 기업가치를 제고하는 경영
	한국표준협회	조직과 이해관계자와의 의사소통 증진, 조직원의 경제적 · 사회적 · 환경적 지속가능성을 추구하여 조직의 가치를 제고하는 경영활동

출처: 대신경제연구소

이처럼 기업의 ESG에 대한 국제사회의 요구가 점점 높아지고 있는 가운데, 대표적인 요구를 꼽으면 두 가지이다. 먼저 기후변화 이슈로서 탄소 배출에 관한 부분이고, 다른 하나는 경영 투명성에 관한 것으로서 ESG 정보공시에 대한 의무화와 규제 강화이다. 우리나라 정부에서도 세계적인 흐름에 발맞추어 관련 정책을 강화하고 있어, 이제 기업의 경영활동에서 ESG를 고려하지 않을 수 없다는 것이 공통적인 인식이다.

■ ESG 경영의 필요성

ESG는 지속해서 발전하고 있는 다이나믹한 영역이다. ESG 경영은 지금까지 알려진 환경이나 사회적 이슈에 머물지 않고 다른 이슈들로까지 영역을 계속 확대하며 가속화될 전망이다. 이에 따라 기업들도 이제 ESG를 일시적 유행이 아닌 변화하는 경영 패러다임의 핵심 개념으로 인식하기 시작했다.

다국적 컨설팅 전문회사인 맥킨지앤컴퍼니가 2020년 전 세계 최고경영진과 투자 전문가를 대상으로 한 설문조사에서 전체 응답자의 57%가 "ESG 활동이 재무적 성과와 기업가치를 증진한다"고 답했으며, 부정적이라고 답한 비율은 3%였다. 또한, 응답자 83%가 5년 후엔 ESG 활동의 긍정적 효과가 지금보다 더 커질 것이라고 답했다. 이 설문 결과에서도 드러난 바와 같이, ESG 경영 체계로의 전환은 기업의 생존과 경쟁력 확보를 위한 필수 요소가 되었다.

ESG 경영의 필요성은 무엇보다 고객과 소비자의 인식 변화에서 찾을 수 있다. 최근 소비 트렌드와 소비자 인식은 ESG 핵심요소를 갖춘 기업과 브랜드에 주목하기 시작하였고, 이는 실제 구매 의사결정에 영향을 주고 있다. B2B 고객 또한 기존에는 제품 생산과 판매에 중점을 두었다면, 이제는 전체적인 밸류체인에 대한 관심이 높아지고 있다. 이런 변화로 기업의 ESG에 대한 책임과 요구는 더 커지고 있다.

● 소비자 우선순위의 변화

기업의 사회적 책임에 대한 소비자들의 민감도가 높아지면서 ESG 우수기업과 제품에 대한 고객의 로열티가 높아지고 있다. 대한상공회의소가 2022년 실시한 MZ세대(1980년~2000년대 출생) 대상의 설문조사 결과, 응답자의 64.5%가 "ESG를 실천하는 착한 기업의 제품이 (다른 제품보다) 더 비싸더라도 구매하겠다"고 답했다. 가성비보다는 심리적 만족도를 중요시하는 가격대비 만족도, 이른바 가심비를 택하는 소비자들이 많아진 셈이다. ESG에 대한 고객의 요구가 증가한 만큼 기업가치에 미치는 영향도 더욱 커질 것으로 예상한다.

● 사회적 책임에 대한 요구

ESG 경영에 대한 사회적 요구가 커지면서 구체적인 기준이 마련되고 있다. 한국, EU, 미국 등을 중심으로 각국에서는 2050년까지 탄소중립 달성을 위한 관련 정책과 규제가 이루어지고 있다. 특히 탄소와 폐기물 등의 환경영향을 비롯하여 기업의 환경 및 사회적 책임에 대한 요구가 강화되고 있다. 이제는 ESG 관련 규제를 단순 규제나 부담으로 인식하기보다는 기업의 지속 성장을 위한 기회로 활용해야 할 때가 왔다.

● 경영 투명성에 대한 요구

우리나라도 경영 투명성이 강조되면서 ESG 정보공시가 단계적으로 의무화된다. 다만 2023년 10월 금융위원회는 미국 등 주요국의 공시 의무화 지연 등을 감안하여 ESG 정보공시 의무화를 당초 2025년 도입에서 2026년 이후로 연기하였으나, 징벌적 손해배상, 중대재해처벌 등에 대한 법률, 집단소송제도 등이 일반화되고 확대될 수 있으므로 현재 규제를 받지 않는 중소, 중견기업들도 지금부터 적극적으로 관심을 가질 필요가 있다.

■ ESG 금융 확대와 글로벌 ESG 투자 규모

재무와 비재무 리스크를 잘 관리하는 기업을 대상으로 투자와 여신 활동을 하는 것은 금융권에서 리스크를 줄이는 한 방법이 되고 있다. 또한, 투자자는 기업의 사회적 책임(CSR)과 관련한 부정적 영향을 기업가치에 대한 리스크로 인식하여 투자의사 결정에 반영하고 있다.

지금까지 우리는 기업가치의 판단 기준 대부분을 재무 성과에 의존해 왔던 것이 사실이다. 하지만 시장환경이 변하면서 지금은 기업의 비재무정보로 대표되는 ESG를 기반으로 기업 가치를 평가하고, 기업의 지속가능성을 판단한다. 그에 따라 협력회사도 지속가능한 기업과 거래하고, 투자자는 지속가능한 기업에 투자하며, 소비자는 지속가능한 기업의 제품과 서비스를 선택하는 시대가 도래했다.

ESG라는 단어가 투자자는 기업이나 비즈니스에 대한 투자의 지속 가능성과 사회에 미치는 영향, 그리고 기업의 재무적인 정보뿐만 아니라 비재무적인 정보와 같은 이슈 등을 고려하여 투자해야 한다는 개념에서 시작된 만큼, 이제 ESG는 기업 경영에서 반드시 고려되어야 할 개념이 되었다.

실제로 이러한 기업 투자 시 ESG의 중요성에 대한 인식 확산은 단순한 기업가치 평가의 비재무적 요소에 대한 판단을 넘어, ESG 전문 펀드의 성장으로 이어지고 있다. 글로벌 지속 가능 투자 연합인 GSIA(Global Sustainable Investment Alliance)에 따르면 2020년 글로벌 ESG 투자 규모는 약 35.3조 달러로, 2018년 대비 15% 증가한 것으로 나타났다.

〈그림 3〉 글로벌 ESG 투자 규모 (2016~2020)

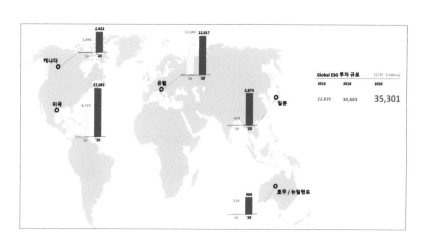

출처: GSIA, 2020

지역별로는 EU와 미국이 ESG 투자를 주도하고 있으며, 글로벌 ESG 전체 투자 규모의 80% 이상을 차지한다. 다만, EU 지역의 ESG 투자 규모는 2016년 대비 변함이 거의 없는데, 이는 최근 EU 지역의 지속가능 투자자산의 분류 기준이 엄격해진 영향으로 판단된다.

3. ESG 트렌드

■ ESG, 일시적인 유행인가, 지속 확산될 것인가?

앞서 ESG의 개념과 함께, 투자자의 기업 투자의사 결정과 관련한 평가 척도로서의 중요성까지 ESG가 가진 차별적인 특성들에 대해서 살펴보았다. ESG의 부상에 대해 최근 일각에서는 이 개념이 이윤 추구라는 기업 활동의 본질적 가치를 왜곡하여 투자자를 기만하는 부적절한 개념이라고 주장하거나, 그린워싱[5] 및 특정 정치세력의 정치적 이용 가능성 등 ESG의 일부 부정적인 측면을 지적하며 이것이 일시적인 유행에 불과하다는 주장을 제기하기도 한다.

과연 ESG가 일시적인 유행에 불과한 것일까? 결론은 "그렇지 않다"이다. 많은 전문가들은 오히려 ESG에 대한 최근의 부정적 의견 제기가 ESG의 급속한 확산에 따른 부작용에 대한 자정 작용의 일환이라고 본다. 앞으로도 ESG가 글로벌 기후위기 심화 등 외부 환경 요인과 더불어 투자자들에게 제공하는 실질적인 효용, 그리고 더욱 정교하고 실질적인 정량·정성 정보 제공 방식을 보완함으로써, 일시적 유행이 아니라 장기적으로 기업활동과 기업 가치평가에 영향을 끼치는 핵심 요소가 될 것으로 전망한다. 참고로 ESG가 투자자들에게 제공하는 효용은 크게 기업의 안정성에 대한 리스크 관리라는 Passive한 접근과, ESG 활동 확장을 통해 기업 성장의 모멘텀을 확보하거나 새로운 사업모델을 구축할 수 있다고 판단하는 Active한 접근을 통해 확보될 수 있다. ESG와 관련한 IR전략

---

5 환경 친화 활동 성과를 과장하거나 허위의 사실을 발표하는 등의 기만적 행위

역시 이러한 측면을 고려하여 유연하게 수립, 전개될 필요가 있다. 그렇다면 ESG가 어떻게 투자자의 의사결정에 유의미한 요소가 될 수 있는가를 구체적인 사례로 살펴보자.

투자자에게 있어 ESG의 가장 대표적인 효용은 기업의 브랜드 및 경영 실적뿐 아니라, 사안에 따라 기업의 안정성 및 존립 여부까지 위협할 수 있는 비재무 리스크를 파악하고 측정하는 것이라 할 수 있다. 투자자들은 이러한 리스크의 사전 인지와 평가를 시도하기 위해 ESG 항목별 다양한 분석 방법론을 개발해 왔으며, 주요 기관투자자가 기업 IR과 진행하는 ESG 관련 소통에서도 이런 부분은 기본 체크 사항이 되어 가고 있다. 이를 실제 ESG 리스크가 기업의 안정성을 넘어 수익성 및 기업 존립 자체에까지 영향을 미쳤던 사례들을 통해 살펴보자.

■ ESG 리스크

1) 해외 사례 : 폭스바겐 디젤게이트

〈그림 4〉 ESG 리스트 사례(폭스바겐 디젤게이트)

출처 : Fortune, "Here's a timeline of Volkswagen's tanking stock price" (2015)

지난 2015년, 폭스바겐은 디젤 차량의 배출가스 배출량을 조작한 "디젤게이트"로 실적과 주가가 급락했다. 당시 미국에 보상해야 하는 금액이 147억 달러로 한화로 약 16.3조 원에 달했다. 이는 디젤게이트 발생 전 폭스바겐의 1년 영업이익과 비슷한 규모였고, 보상금액 지급을 위해 달성해야 하는 매출액은 2,450억 달러에 이르렀다.

이 사건은 당시 회사가 단기 수익 목표에 집착하여, 명백하게 확인된 차량의 배기가스 기준 초과 상황에 대해 왜곡 및 은폐한 과정을 회사의 거버넌스 체계가 적절히 확인하거나 통제하지 못한 측면과, 이에 따라 초래된 대기 환경오염 심화 등 환경 측면에서 악영향을 미친 ESG 리스크가 회사의 수익성에 큰 위협을 가할 수 있기 때문에 ESG 리스크 관리가 기업경영에 매우 중요한 요소임을 보여주는 대표적인 사건이었다.

2) 국내 사례 : 국내 피자 프랜차이즈 오너 리스크

〈그림 5〉 오너 리스크 사례 (미스터피자)

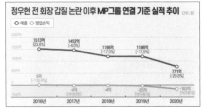

출처: 뉴스웨이, "'토종 신화' 미스터피자의 몰락" (2021)

국내에서는 2018년 굴지의 해외 브랜드를 제치고 한때 피자 프랜차이즈 1위를 차지했던 국내 피자 프랜차이즈가 폭언과 강매, 횡령 등의 오너 리스크로, 상장폐지 위기를 겪고 결국 경영권을 매각한 사건이 있었다. 이 사례 역시, 오너의 독단적인 의사결정이 이사회 등을 통해 적절히 통제되지 못했다는 점에서 거버넌스 문제가 있었고, 대리점주에 대한 폭언이나 강매 등이 인권침해와 사회적 물의를 일으켰다. 이는 중소기업 경영활동에서도 ESG의 리스크가 치명적일 수 있음을 잘 보여준다.

　　그러다 보니 국내외 기관투자자들은 기업 IR과의 협의에서 이러한 ESG 리스크를 사전 파악하기 위해 이사회의 구성 및 이사진의 전문 영역 등 회사 거버넌스 체계에 대한 정보파악에 더욱 심혈을 기울이고 있다. 특히 EU 등 해외의 주요 기관투자자는 동아시아 기업집단의 특성을 감안하여 개별 회사뿐 아니라 관계사나 지주사 등 기업집단의 의사결정 구조 및 거버넌스 체계에도 많은 관심을 보이는 것이 현실이다.

3) 국내 사례 : 기업의 사회적 책임관련 공급망 관리 리스크

　　최근 들어, ESG 요소 중 기업의 사회적 책임(S)과 관련한 리스크 역시 중요한 평가 항목으로 주목받고 있다. 특히 아동 노동 착취, 산업 안전 보건 그리고 지정학적 리스크에 대한 기업의 대응 관련 이슈 등이 최근 기관투자자들에게 중점적으로 현황 파악을 하고자 하는 분야라 할 수 있다.

아동 노동 착취와 관련하여 글로벌 스포츠용품 기업인 나이키의 파키스탄 공장 미성년 아동 고용 이슈와 대규모 불매운동 사례는 대표적인 사례로 가장 많이 알려져 있다. 최근 발생한 국내 모 대기업의 미국 내 부품 협력사에서의 불법 이주 노동자 및 미성년 인력 고용 사실은 기업 이미지를 상당히 실추시켰고, 관계 당국의 직접적인 제재는 물론 해당 협력회사의 공장까지 매각하는 결과를 초래했다. 이렇듯 아동 노동 착취는 다양한 업종에서 적지 않은 빈도로 발생하고 있는 주요 사업 리스크로, 실제 해외 기관투자자들이 IR부서와의 미팅에서 자주 점검하는 주요 리스크 항목 중 하나가 되었다.

아울러, 최근 국내에서 관련 법규 강화로 인해 중요성이 더욱 커진 이슈로 산업 안전과 관련한 리스크를 들 수 있다. 중대재해 처벌 등에 관한 법률 제정으로 심각한 안전사고 발생 시 처벌 대상이 기업 경영진까지 확대됨에 따라, 사고 발생 가능성이 높은 기업에 대해 회사의 위험 관리 및 위기 대응 체계 등 매우 상세한 내부 정보까지 확인하여 리스크를 점검하고자 하는 투자자들의 경향이 증가하고 있다.

이러한 사례들은 ESG의 관리 범위가 대상기업을 넘어 협력회사를 포함한 공급망 전반을 그 범위로 삼고 있음을 보여준다. 이는 ESG 관련 준비의 중요성에 대한 인식이 상대적으로 저조한 중소기업 경영진과 해당 기업의 IR부서에서도 투자자 대응을 위해 ESG 관리 개념의 도입과 준비가 필수적임을 시사하는 중요한 사례이다.

4) 국내 사례 : 기업의 사회적 책임관련 Global Sanction 리스크

지정학적 리스크에 대한 기업 대응의 대표적인 사례는 최근 러시아 · 우크라이나 전쟁의 당사자인 러시아에 대한 국제 제재 관련 이슈를 들 수 있다. 러시아 지역에서 사업을 영위해 왔던 다수의 국내 대기업 IR 부서 담당자들은 분쟁 발발 초기에 러시아에 대한 국제 제재에 회사가 동참하는지를 확인 요청하는 다수의 해외 기관투자자 문의를 받으며 대응에 분주했던 경험이 있었다. 당시 기관투자자들이 우려했던 핵심 리스크는 단순히 러시아에서의 생산, 판매 차질에 따른 손실 유무가 아니라, 오히려 향후 러시아에서의 사업 활동을 지속하면 예상되는 사회적 반발과 국제적인 경제 제재 위반 기업으로 간주하여 받을 수 있는 불이익에 대한 우려였으며, 바로 이 부분이 우리가 지금 논의하고 있는 ESG의 사회적 책임(S) 영역에 해당하는 내용이라 할 수 있겠다.

LG전자 IR부서 역시, 기관투자자들로부터 상기 이슈에 대한 우려와 그에 대한 해결책 공유를 요청 받았으며, 이러한 시장의 우려를 경영진에게 신속하게 전달하고 유관부서 협의를 통해 현지 오퍼레이션 차질 최소화와 별개로 공식적인 추가 생산지원 중단 등 서스펜션(Suspension) 선언을 함으로써 투자자들의 우려를 최소화할 수 있었다.

이러한 사례들을 통해 우리는 기관투자자들이 ESG 리스크 요인에 대해 얼마나 예민하게 반응하는지와 그들의 리스크 관리가 얼마나 실질적이고 구체적으로 진행하는지를 파악할 수 있다. 기관투자자들은 기존의 경험을 통해 확보된 ESG 각 영역의 점검 항목을 중심으로 매우 체계적으로 리스크 수준을 관리 및 평가하고 있기 때문에, 기업 IR부서 또한 이러한 투자자의 니즈에 대응할 수 있는 체계적인 정보의 관리와 더불어, 효과적인 시장 소통을 위한 전략과 콘텐츠의 준비가 필수적인 상황이 되었다고 하겠다.

5) 국내 사례: ESG 준비를 통한 신사업 발굴

투자자에게 ESG가 제공하는 또 다른 효용으로, 기업은 ESG 관련 대응 활동 과정에서 새로운 사업 아이템을 확보할 수 있으며, 투자자는 이에 대한 적절한 평가를 통해 중·장기적인 기업의 성장성 및 수익성을 제고할 수 있는 가능성을 파악할 수 있다는 점을 들 수 있다.

이와 관련한 최근의 국내 사례로서 LG화학의 친환경 사업을 들 수 있다. LG화학은 플라스틱의 화학적 재활용 기술 개발과 생분해 바이오 소재의 양산까지 친환경 사업모델을 매우 적극적으로 추진하고 있다. 이는 단순히 ESG 관점에서 세계적인 탄소 저감 노력에 동참하는 것을 넘어 그 과정에서 새로운 미래 성장동력을 확보하는 사업 포트폴리오 전략의 일환까지 포지셔닝을 하는 것으로써, LG화학의 경영진과 IR은 기관투자자 및 증권사 애널리스트를 대상으로 Investor Day 등 다양한 경로를 통해 이를 시장에 소개하는 등 회사의 ESG 실천 노력과 신사업 모델로서의 성장성을 동시에 소구하고 있음을 알 수 있다.

■ 최근 ESG 평가 및 규제 동향

ESG가 투자의사 결정에 있어 매우 실질적인 준거의 틀이 되어가면서, ESG 연관 요소들을 어떻게 효율적으로 측정하고 평가할 수 있는지, 기업은 어떠한 준비를 통해 이러한 상황변화에 대응할 수 있는지가 매우 중요해지고 있다. 많은 기업에서 IR부서가 주요 투자기관 또는 ESG 평가기관으로부터 자료 요청을 받는 접점 부서로 역할을 담당하고 있고, 외부 기관들의 니즈를 내부로 전달하고 이를 대응하는 과정 전반을 조율하는 등 적극적인 역할을 수행하고 있기 때문에, IR부서 담당자들에게 이러한 ESG 평가의 요소를 이해하고 향후의 추세를 점검하는 것은 유의미한 활동이 될 것이다.

● ESG 평가

ESG 경영의 역사는 상당히 오래되었으나 기업의 주요 경영 목표로 상정되며 중요성이 부각된 것은 2015년 파리협정과 지속가능발전목표의 설정 이후라고 할 수 있다. 최근 들어 세계 최대 자산운용사들이 앞다투어 기업 ESG 경영 성과를 투자의 중요 기준으로 삼겠다고 발표하고 여러 국가에서 ESG 공시의 의무화를 실시하는 등 이제 ESG는 기업의 사회적 책임을 넘어 의무로 자리 잡게 되었다.

ESG가 중요해지는 만큼 기업은 투자 유치와 경영 성과를 위해 ESG 평가를 잘 받는 것이 중요해졌다. ESG 평가(ESG Ratings)는 기업의 ESG 활동 성과를 평가하여, 투자의사 결정에 필요한 정보를 제공하는 역할을 한다. 마치 신용평가가 주로 기업의 재무적 위험을 평가하여 기업의 가치 산정에 반영하는 것처럼, ESG 평가는 환경(E), 사회(S), 지배구조(G)와 같은 비재무적 요인들을 기업의 가치평가에 고려한다.

현재 활동 중인 해외 ESG 평가기관에는 레피니티브(Refinitiv), 무디스(Moody's), 탄소공개프로젝트(CDP), 서스테이널리틱스(Sustainalytics), 블룸버그(Bloomberg), MSCI(Morgan Stanley Capital International), ISS(Institutional Shareholder Services), S&P(Standard & Poor's) 등이 있다.

〈표 2〉 국내외 ESG 평가기관별 평가지표 현황

구분	기관명	지수 명칭	평가 지표	연혁	평가방법
국내	서스틴베스트	ESG Value	자사 모델 사용	2006	ESG 각 영역에 대해 Category, KPI, Data Point 순의 단계별 하부체계로 구분
	한국기업지배구조원	ESG 평가	281 항목	2011	기관자료, 기업공시, 미디어자료 활용
	대신경제연구소	–	–	2017	수기조사 하는 것을 원칙으로 정량적 문항평가 및 기초조사
국외	RepRisk	ESG Ratings	28 항목	1998	80,000 미디어 및 이해관계자 데이터 소스 모니터링
	Dow Jones	DJSI	최대 120 항목	1999	산업에 따라 산업에 특화된 기준 적용, 산업별 설문 조사 시행 (80~120문항)
	Morgan Stanley	MSCI ESG Ratings	37 항목	1999	정부 데이터베이스, 기업 공개자료, NGO 데이터 자료 활용
	Sustainalytics	ESG Ratings	70항목	2008	70 indicators, 3 dimensions
	Refinitiv	ESG Score	400 항목 이상	2009	ESG Score로 구성, 10개 카테고리, 이슈가 많을수록 가중
	Bloomberg	ESG Data	120 항목	2009	120 indicators, 정보 누락에 대해서는 감점 적용

출처: 천상은 & 박희태 (2021)

ESG 평가기관은 설립 목적 및 제공 서비스에 따라 서로 다른 성격을 가지고 있다. ESG뿐만 아니라 금융서비스 전반을 제공하는 대규모 평가기관이 있는가 하면, 비영리적 관점에서 ESG 서비스를 제공하는 평가

기관도 존재한다. 또한, ESG 평가만 전담하는 유형의 기관도 있으나, 이런 기관의 경우 오늘날 대부분 대규모 금융 회사에 인수되어 자회사로서 ESG 평가를 이어 나가고 있다.

ESG 투자가 활성화되고, 금융시장에서 ESG 평가 등급의 활용도가 증가함에 따라 ESG 평가기관의 역할과 중요성도 점차 증가하고 있으나, 많은 전문가는 ESG 평가 결과의 신뢰성과 평가 프로세스의 투명성 등에 대해 우려를 제기하고 있다. 실제로, ESG 평가기관별로 기업 평가 기준과 방법이 달라서, 같은 기업이라도 평가기관에 따라 최종 ESG 평가 결과는 상이하다. 예를 들어, 레피니티브, 무디스, 서스테이널리틱스, CDP, 서스틴베스트, 한국ESG기준원 중 2020~21년 기준 가장 많은 국내 기업을 평가한 서스틴베스트를 기준으로, ESG 최종 점수가 가장 높았던 A 기업은 레피니티브와 무디스에서는 15위, 서스테이널리틱스에서는 25위, CDP에서는 61위, KCGS에서는 20위를 기록했다.

이런 평가사 간 차이는 평가사마다 평가하는 세부 영역이 다른 데서 발생하는 범주(scope)의 차이, 같은 범주를 다르게 측정하는 데서 발생하는 측정(measurement)의 차이, ESG 점수를 산출할 때 각각의 범주에 부여하는 가중치가 달라 발생하는 가중치(weight)의 차이를 원인으로 꼽을 수 있다. 그러나 ESG 평가 등급 차이가 과도한 경우, 기업의 ESG 경영 활동에 대해 혼란을 주는 것은 물론 결과적으로 기업의 ESG 성과 개선 동기를 약화시킬 수 있다. 더불어 ESG 평가 결과의 차이가 평가기관과 기업 간 이해 상충 가능성, ESG 평가 체계에 대한 정보공개 부족 등의 문제와 결합하여 ESG 평가시장의 투명성과 신뢰성을 약화시키고 평가 시장 발전을 저해할 수 있다는 우려가 제기되고 있다.

이러한 환경에서 시장이 기업의 지속가능성을 평가하기 위해 ESG 성과까지 평가하기 시작한 것은 기업에 큰 부담으로 작용할 수밖에 없을 것이다. ESG 경영을 하려면 재무적 성과뿐만 아니라 비재무적 성과에도 초점을 맞추는 것이 중요한데, 문제는 '어떤 기준에 맞춰 ESG 경영 성과를 측정하느냐'이다. ESG 평가기관들은 기관마다 고유한 평가 프로세스, 지표, 측정산식 등을 기반으로 평가를 진행하기 때문에 기업으로서는 일관된 평가 대응 체계를 수립하기가 쉽지 않다.

이런 기업의 어려움을 해결하기 위해, 국제회계기준(IFRS) 산하 국제지속가능성 기준위원회(ISSB)가 ESG 정보공시를 2024년에 개시하는 연차보고 기간부터 시행하겠다고 발표하였고, 첫 번째 지속가능성 공시 기준서 IFRS S1(일반 요구사항)과 IFRS S2(기후 관련 공시)를 공표했다. 국내에서는 산업통상자원부가 기업이 우선으로 고려해야 할 ESG 경영 요소와 평가기관에서 가장 많이 다루는 평가 항목을 분석하고 국내외 주요 13개 평가지표와 공시기준 등을 분석하여, 이를 공통적이고 핵심적인 61개 사항으로 마련한 「K–ESG 가이드라인」을 2021년 12월에 발표했다.

〈그림 6〉 K-ESG 가이드라인

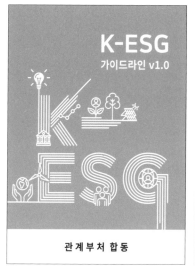

출처: 「K-ESG 가이드라인」, 산업통상자원부

또한, 금융위원회는 지속해서 제기되고 있는 ESG 평가사의 신뢰성과 평가 기준의 투명성 등에 대한 우려에 대응하기 위해, "평가 과정 전반에 대한 내부통제 체계와 운영 지침 등을 마련하여 평가의 전문성 및 일관성 등을 확보해서 ESG 평가 시장의 투명성, 신뢰성 제고해야 한다"는 내용의 「ESG 평가기관 가이던스」를 2023년 5월에 제정 및 발표했다.

〈그림 7〉「ESG 평가기관 가이던스」 제정

출처: 「ESG 평가기관 가이던스」, 금융위원회

이러한 ESG 평가 방식과 기준을 재정비하는 추세는 IR업무의 관점에서도 매우 유의미한 변화이다. 특히 최근 수년 간 ESG 평가기관 수가 급격히 증가했고, 이들이 각자 별도의 평가 항목으로 기업에 해당 정보의 제공을 요구함에 따라 많은 기업의 IR부서가 큰 부담을 느껴왔었다는 점을 감안하면, 최근의 변화는 혼선을 줄일 수 있는 단초가 마련되어 간다는 의미이다. 또한, IR부서가 이를 잘 활용한다면 실무적으로도 업무 효율을 높일 방안들이 도출될 수 있을 것으로 생각된다.

가장 먼저 고려해 볼 수 있는 부분은 표준화된 ESG 관리(평가) 항목을 기업의 ESG 관리 체계 정립을 위한 Tool로서 전략적으로 활용하는 것이다. 물론 평가를 위한 기준 외에도 ESG 관련 리스크 방지와 기회 요인 극대화를 위해 할 수 있는 여러 준비가 있을 수 있겠으나, 이처럼 체계적으로 구성된 ESG 평가 요소들은 특히 이제부터 ESG관련 관리체계를 수립하고자 하는 기업이나, 아직 단발적인 대응만을 진행해 왔던 기업에는 단계적이고 효율적인 ESG 관리체계를 수립하는 데 크게 도움이 되는 일종의 가이드와 같은 역할을 할 수 있을 것으로 생각된다.

아울러, ESG 관련 시장 소통 활동을 전개해야 하는 IR부서의 관점에서도 투자자 대응을 위한 ESG 콘텐츠는 어떠한 분야를 중심으로 준비되어야 하며, 이를 위해 유관 부서들이 어떠한 정량, 정성적 Data를 지속해서 관리하여야 하는지를 제시함으로써 ESG 평가 대응뿐 아니라 ESG IR콘텐츠 확보와 관련한 부서 간 역할과 책임(Roles&Responsibilities, R&R)을 명확히 할 수 있는 장점이 있겠다.

또한, 공시와 사업보고서, 지속가능경영보고서, 회사의 홈페이지 등 ESG IR활동을 위한 시장 소통 채널의 구축과 관련한 로드맵을 수립하여 중ㆍ장기적인 IR전략 수립을 하는 용도로도 유용하게 활용될 수 있을 것으로 생각된다.

마지막으로 기업 규모와 ESG 관련 주무 조직의 유무 등에 따라 다양한 상황이 있겠으나, 많은 기업에서 IR부서는 대(對) 투자자 대응

부서로서, 기관투자자의 ESG 주관 부서 또는 증권사의 ESG 평가부서, ESG 전문 평가기관 등으로부터 ESG 평가와 관련한 자료를 요청받는다. 만약 IR부서에서 중요도 높은 항목을 중심으로 데이터를 수집 및 정리하고, IR콘텐츠를 사전에 준비할 수 있다면, 투자자의 다양한 요구에 신속하고 체계적으로 대응할 수 있게 된다. 이는 투자자의 신뢰를 강화할 수 있는 유의미한 활동이 될 것이다.

● ESG 공시와 규제

추가로 IR업무의 중요한 축인 공시와 관련하여 ESG가 어떠한 변화를 만들어 내고 있는지 살펴보자.

공시와 관련한 ESG 규제는 점점 증가하고 있으며, 선제적 ESG IR활동을 위해서는 선진국의 ESG 관련 주요 규제를 반드시 살펴볼 필요가 있다.

최근 EU는 택소노미(Taxonomy)를 제정하고, NFRD 개정안인 CSRD를 제안하는 등 일련의 입법을 통해 친환경 경제활동에 대한 판별 기준을 마련하며 기업 및 투자자에게 지속가능한 기업 활동과 지속가능성 투자를 압박하는 규제 체계 정립을 일차적으로 완료하고 있다.

〈그림 8〉 ESG EU 규제

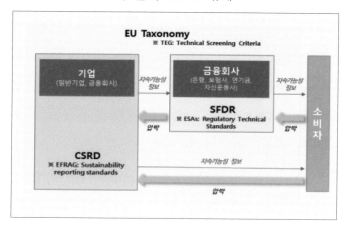

출처: 「Taxonomy, NFRD, CSRD를 중심으로」, 김수연 (2021. 9)

〈표 3〉 ESG의 규제 대응

규제	내용
Taxonomy	· 환경 관점에서 지속가능한 경제활동이 무엇인지 분류·판별하는 프레임 · 환경 관점의 지속가능성 목표와 판단 기준에 대한 프레임을 제시
SFDR (Sustainable Finance Disclosure Regulation)	· EU 금융기관; 자산운용사를 비롯해 은행, 연기금, 보험회사 등에 투자상품의 지속가능성 정보 공개를 의무화 ① (금융회사 단위) 금융회사가 투자기업 결정시 고려하는 ESG 관련 위험 식별·평가 및 해당 결과가 투자판단에 반영되는 방법 등을 설명 ② (금융 상품 단위) ESG를 투자목표로 삼고 있는 개별 상품에 대한 지속가능성 관련 정보
CSRD (Corporate Sustainability Reporting Directive)	· 적용 대상 : EU 대기업, 유럽 시장에 상장된 중소기업 등 약 5,000여개 기업대상 · 공시 내용 : 가) 지속가능성 관련 사업모델과 전략(지속가능성 관련 리스크와 사업모델의 회복력, 지속가능성 이슈로 인한 기회, 파리 기후협정에 부합하는 사업모델과 전략 등), 나. 지속가능성 목표 설정과 시행 절차, 다. 지속가능성 관련 경영진 및 이사회의 역할과 책임, 라. 지속가능성 이슈 관련 정책, 마. 지속가능성 실사 절차 및 공급망, 사업관계를 포함한 제품·서비스 가치 사슬 내 실제적·잠재적 악영향 및 이를 완화·예방·제거하기 위한 방안 및 조치결과, 바. 지속가능성 및 이와 관련된 이슈에 대한 위험 및 관리방법, 사. 가~바. 공시 관련 측정지표(indicators), 아. 지적재산, 인적자원, 사회 내지 관계 자본을 포함한 무형식 정보에 대한 공시, 자. 이중 중요성 관점에서 식별된 지속가능성 정보평가 과정 및 단 중. 장기 관점에서 고려되었는지 여부 · 공시 형식 : ESEF(European Single Electronic Format) 규제에 맞춰 XHTML 포맷으로 재무제표와 경영보고서(지속가능성 정보 포함)를 제출하도록 기업에 요구 · 기업에게 지속가능성 정보에 대한 EU 차원의 검증(assurance)을 실시 요구

출처: KRX

그렇다면 퍼스트 무버로서 EU의 규제는 우리나라 기업에 어떤 의미가 있을지도 함께 살펴보는 것이 필요하다. 기본적으로 EU ESG 규제는 EU 역내 금융회사와 기업에 적용되지만, CSRD는 비(非) EU 기업의 EU 자회사 또는 EU에 설립되지 않았다 하더라도 EU에 상장된 기업에 대해 EU 기업과 동일한 수준의 지속가능성 보고 의무를 부여하고 있다. 따라서 국내 기업이라도 이에 해당하면 EU ESG 규제 준수 의무를 부담하게 되므로 주목해 볼 필요가 있다. 또한 CSRD는 공급망, 중요 계약상대방 등 가치 사슬(Value Chain) 내 지속가능성 실사(due diligence)와 실사 결과에서 나타난 실제, 잠재적 문제에 대한 완화, 예방, 해소 방안과 조치 결과 등을 공시하도록 요구하고 있어 EU 기업의 가치 사슬에 포함된 국내 기업은 지속가능성과 관련하여 상당한 부담을 가지게 된다.

그뿐만 아니라 EU 시장이나 금융기관으로부터 자금을 조달하고자 하는 우리나라 기업 역시 SFDR 적용대상이 아니더라도 투자자에게 SFDR이 요구하는 수준의 지속가능성 정보를 제공해야 한다. EU ESG 규제는 K-Taxonomy, 지속가능성 정보 공시 등 현재 추진 중인 국내 입법 과정에 상당한 영향을 끼칠 것으로 예상된다. 그 이유는 EU가 가장 먼저 ESG 규제 체계를 수립해 나가고 있는 데다, EU Taxonomy, CSRD 등은 처음부터 글로벌 스탠다드로서 역할을 기대하며 기존 통용되던 국제기준이나 규범, 원칙 등을 적극 반영하며 마련했기에 중요 입법 선례로 작용할 수밖에 없을 것으로 판단되기 때문이다.

EU의 ESG 규제에서 드러난 방향성, 즉 공급망까지 아우르는 지속가능성 관리, 지속가능성을 지배구조 관점에서 내재화하기 위한 이사회, 경영진의 역할과 책임 명시 및 보상과 연계, 비재무정보인 지속가능성 정보를 재무 정보 수준으로 전환 시 필요한 검증 강제 및 지표(Indicators)를 통한 정량화시켜 나가는 것은 앞으로 국내 ESG 규제를 입법할 때에도 반영될 가능성이 많은 요소이다. EU 규제가 고스란히 국내 기업에 적용되지 않더라도, 글로벌화되는 ESG 시장의 특징을 고려할 때 국내 기업은 이에 사전 대비할 필요가 있다고 판단된다.

이러한 ESG 관련 조직 체계의 정립과 재무 정보 수준의 지속가능성 관련 정량적 Data 산출, 그리고 이러한 정보의 규정에 부합하는 공시 방안 정비는 당연히 IR부서 단독으로 실행할 수 있는 성질의 문제는 아닐 것이다. 다만, 공시 업무의 최종 책임부서로서 회계를 포함한 유관부서와의 적극적이고 선제적인 준비와 노력이 있다면 빠르게 제도화하는 ESG 관련 트렌드의 변화를 따라잡을 수 있을 것이다.

■ 투자자의 투자 기준 전망

1) ESG 투자 흐름

글로벌 시장에서 ESG 투자는 EU가 전 세계 ESG 투자의 절반 이상을 차지하며 시장을 주도해 왔다. ESG 펀드 자금 규모는 지속적인 상승세를 보이다 2020년 코로나19 이후 공적 연기금뿐 아니라 민간

ESG 시장까지 확장되었다. 글로벌 자본시장에서 ESG는 거대한 투자처로 변모했으며, 전 세계 ESG 투자 자산 규모는 2020년 6월 기준 40조 달러를 뛰어넘었다.

〈그림 9〉 글로벌 ESG 관련 투자자산 성장 추이

출처: 글로벌지속가능투자연합(GSIA)

다만, 2022년부터 글로벌 ESG 펀드시장으로의 자금 유입이 급격히 감소하고 있고, EU에서는 신규 설정되는 ESG 펀드도 감소세를 보이고 있다. 이는 경기침체 기조와 함께 EU와 미국을 중심으로 ESG 관련 금융상품의 그린워싱을 방지하기 위한 규제가 강화되고 있는 데서 기인하는 것으로 판단된다. 이와 같은 규제 강화 기조로 금융 투자상품에 대한 조사와 제재는 더욱 강화될 것이며, 금융사의 ESG 펀드 축소 움직임은 2024년에도 지속될 것이라 예상한다.

그린워싱에 관한 규제 강화로 당장은 ESG 투자 자금 유입이 축소되는 결과를 낳고 있지만, 지금까지 기관 및 소매 투자자들이 ESG 펀드를 그린워싱으로부터 보호하기 위해 규제 당국이 더 많은 조치를 취해줄 것을 요구해왔던 점을 고려한다면, 장기적으로는 ESG 관련 금융상품을 통한 그린워싱의 가능성을 낮춤으로써 ESG 금융상품에 대한 신뢰성은 높아질 것으로 기대한다.

향후 ESG를 기준으로 기업에 투자되는 자금이 늘어날 것으로 예상되면서, 투자기관들은 더욱 ESG와 밀접한 연관성이 있고, ESG 관점에서 매력도가 높고 잠재적 리스크가 낮은 종목에 대한 투자 확대를 요구하고 있다. 이에 따라 자본시장의 ESG 투자가 성장하면서 기관투자자들의 스튜어드십과 주주행동주의가 강화되고 있고, 이에 따라 자산운용사들의 주주 관여 활동도 활발해지고 있다.

2) 블랙록, 국민연금, 해외 연기금의 주주 관여 활동
2-1) 블랙록의 주주 관여 활동
블랙록은 1988년에 설립된 미국에 본사를 둔 세계 최대 자산운용사로, CEO인 래리 핑크는 매년 연례 서한을 통해 투자 원칙으로서 ESG와 지속가능성에 대한 의지를 전달하고 있다. 투자 회사의 ESG

전략과 대응이 부족하다고 판단될 시, 의결권을 행사하여 반대표를 던지거나, 경영진 해임 안건을 상정하는 등 투자회사를 대상으로 적극적 인게이지먼트를 수행하고 있다.

〈그림 10〉 블랙록 2022년 주주 관여 활동 실적

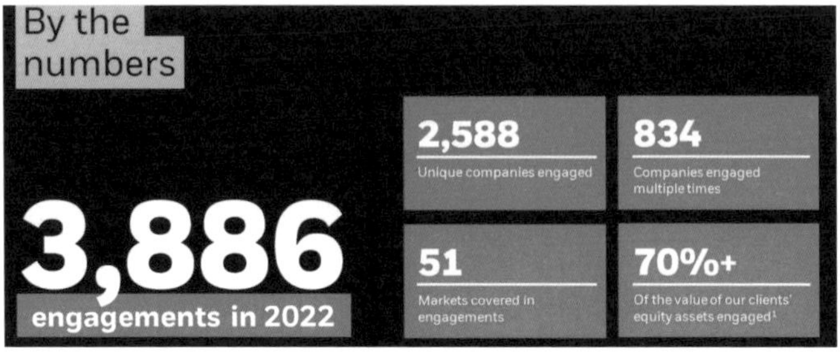

By the numbers

3,886
engagements in 2022

2,588
Unique companies engaged

834
Companies engaged multiple times

51
Markets covered in engagements

70%+
Of the value of our clients' equity assets engaged[1]

출처: 「BIS 2022 Annual Report」

블랙록의 2022년 스튜어드십 투자(BlackRock Stewardship Investment) 보고서에 따르면, 블랙록은 2,588개의 기업(2021년 2,357개)을 대상으로 3,886건의 주주 관여 활동(2021년 3,645건)을 펼쳤다.

● **블랙록의 5가지 주주 관여 우선순위(Engagement priorities)**

블랙록은 일관된 주주 관여 활동을 위한 5가지 우선순위를 수립하고, 이를 중심으로 진행한다. 블랙록의 우선순위는 최고 의사결정기구인 이사회의 전문성과 효과성(Board quality and effectiveness), 기업의 전략, 목적, 재무 탄력성(Strategy, purpose and financial resilience), 장기적 가치 창출과 연계된 인센티브(Incentives aligned with financial value creation), 기후변화 및 자연 자본과 연계된 리스크와 기회(Climate and natural capital), 전략적 인적자본 관리 및 인권 리스크 평가(Company impacts on people) 등 총 5가지로 구성되어 있다.

또한, 스튜어드십의 모든 활동에 지속가능성을 추가하기 위해 투표(voting) 지침과 우선순위를 매년 검토하고, 이러한 검토를 통해 스튜어드십 활동 관련 세부 사항을 매년 보완하고 있으며, ESG의 중요한 리스크에 대한 개입과 투표를 진행하고 있다.

2-2) 국민연금의 주주 관여 활동

● 국민연금의 투자 고려 요소

국민연금은 투자 대상의 환경, 사회, 지배구조 등 비재무적 요소를 체계적으로 분석하기 위해 고유의 ESG 평가 체계를 마련하였다. 그에 따라 국내 상장주식(코스피+코스닥150) 및 그 외 5% 이상 지분율을 보유한 코스닥 상장기업, 회사채 및 회사채가 아닌 주권상장법인 채권에 대해 매년 2회의 ESG 평가를 하고 있으며, 투자의사 결정 과정에서 재무적인 정보와 함께 고려한다.

이와 함께 국민연금은 기업가치에 영향을 미칠 수 있는 ESG 관련 사건 사고 등을 모니터링하고, 해당 사안이 기업가치 및 주주가치에 미칠 영향을 가늠하기 위해 심각성을 중심으로 '중대성 평가'를 수행하고, 이러한 중대성 평가 결과와 보유지분율, 보유 비중 등을 종합적으로 고려하여 ESG

평가 결과를 조정하거나 주주 활동에 연계하고 있다.

한편, 투자 대상기업이 중대성 평가결과에 따라 예상하지 못한 우려 상황이 발생하여 주주 관여 활동으로 연계가 필요할 경우 「국민연금 기금 국내 주식 수탁자 책임 활동 가이드라인」의 절차와 기준에 따라 비공개 대화 대상기업으로 선정하여 관리하고 있다.

<그림 11> 국민연금의 주주 관여 활동 실적

출처: 「2021 국민연금기금 연차보고서」

국민연금은 의결권 행사 기준, 행사 절차, 행사 방법 등에 관한 사항을 규정한 「국민연금 기금 수탁자 책임 활동에 관한 지침」에 근거하여 보유지분율과 보유 비중에 따라 기금운용본부에 설치한 투자위원회 등의 심의·의결을 거쳐 의결권을 행사하며, 국민연금은 주주총회 개최 이후 14일 이내에 의결권 행사 내역과 지침상 근거 조항을 포함한 세부 반대 사유를 홈페이지에 공시하고 있다.

국민연금은 2021년에 국내 보유 주식에 대해 이뤄진 773회의 주주총회에서 나온 총 3,378건의 상정안에 대하여 찬성 2,808건(83.1%), 반대 549건(16.3%), 중립/기권 21건(0.6%)으로 의결권을 행사하였다. 반대한 안건 총 549건은 이사 및 감사 선임 178건(32.4%), 정관 변경 85건(15.5%), 보수 한도 승인 178건(32.4%), 기타 108건(19.7%)이다.

2-3) 해외 주요 연기금의 주주 관여 활동

해외 주요 연기금은 기후변화, 인권, 이사회 다양성 등 각자 관리하고 있는 ESG 관련 중점 관리 사안에 대해 논란의 여지가 있는 이슈가 발생하지 않도록 투자기업과 대화를 하는 주주 활동을 확대하고 있다.

〈표 4〉 투자기관이 문의하는 주요 질의 항목

캐나다 연금투자위원회 (CPPIB)	기업과 대화	2018년부터 5개 영역을 Focus Atrea로 선정하여 기업과의 대화 수행
	핵심이슈	이사회 운영, 이사보수, 기후변화, 물위험, 인권 등 5가지
노르웨이 은행투자운영회 (NBIM)	기업과 대화	매년 중점관리이슈를 선정하여 기대사항을 공개하며 기업과의 대화 등 주주활동 연계
	핵심이슈	아동인권(2008), 기후변화(2009), 물관리(2010), 인권(2016), 세금 및 투명성(2017), 반부패(2018), 해양지속가능성(2018)
뉴욕주 퇴직연금기금 (NYSCRF)	기업과 대화	2017년 5대 중점항목(Priority issue areas)을 지정하여 기업과의 대화 및 주주제안 등을 실시
	핵심이슈	기후변화, 정치자금 및 로비, 이사보수, 노동 및 인권, 이사회 다양성 등 5가지

출처: 대신경제연구소,
「국민연금기금 책임투자 활성화 방안 및 경영 참여 목적 주주권행사 가이드라인」

3) 현재 투자기관이 문의하고 있는 질의 항목

그동안 LG전자가 IR활동을 하면서 수취한 ESG 관련 질의 중 주요 내용을 정리해 보았다. 표에 기재된 주요 질의 내용을 기반으로 현재 기관투자자들이 기업에 공개를 원하는 ESG 경영 정보와, 투자기업에 실행하라고 요구하는 ESG 경영 방향성이 무엇인지 가늠하는 데 참고하시기를 바란다.

〈표 5〉 투자기관이 문의하는 주요 질의 항목

구분	질의 내용
E(환경)	● RE100 달성을 위한 중간 목표 및 구체적인 전략 ● SBTi(Science Based Target Initiative) 가입 여부 ● Scope 3(기타 간접배출) 배출량 관리 및 공시 여부 ● 탄소감축 관련 기간별 목표 및 이를 달성하기 위한 상세 실행 계획 ● 기후변화 관련 이사회 수준의 관리/감독 조직 및 전담 실무 조직 존재 여부 ● 기후변화 관련 전문성을 보유한 이사회 구성원 존재 여부 ● 탄소감축 목표 달성에 필요한 신규 투자 재원(CAPEX) 규모, 중·장기 재무계획 반영 여부 ● 기후변화 등 관련 내용의 임직원 보상/KPI 반영 여부
S(사회)	● 전체 임원/이사회 인원 중 여성 비중 ● Gender Diversity 관련 현황 및 계획 ● 공급망 관련 이슈 발생 시 대응 가이드라인/행동강령 존재 여부 ● 공급망 실사 빈도·방법·검증·고위험 협력사 관리 방안 등 실사 프로세스 ● 강제 노동 및 기타 인권 침해의 위험을 예방하고 완화하기 위한 실사 정책 ● 회사 혹은 공급망 내 강제노동(Forced Labor) 존재 여부 ● 강제노동(Forced Labor)에 대한 회사의 정책 ● 중국 지역 공급망에서 발생할 수 있는 노동/인권 리스크 관리 방안

G(지배구조)	● 주주와 정기적 소통 여부 ● 회사의 소유 구조 ● ESG 경영 목표가 경영 전략과 Align 되고 있는지 ● 지배구조 전략 방향, 사외이사의 전문성, 사외이사가 주주와 직접 대화를 하고 있는지 여부 ● ESG 위원회의 최근 활동 내용과 주기 ● 사외이사 평가 여부 및 방법 ● 주주환원정책(자사주 매입, 무상증자, 중간 배당 등) ● ESG 경영을 위한 의사결정 체계는 어떻게 이루어져 있는지 ● 이사회 구성원 선발 기준 및 사외이사의 전문성/다양성을 어떤 방식으로 담보하고 있는지 ● 배당 정책 및 주주가치 제고 방안 ● 최고경영진의 주주가치 제고 관련 KPI Align 여부

출처: LG전자

위의 표에서 볼 수 있듯이, 기관투자자가 환경 측면에서 가장 빈번하게 묻고 중요하게 생각하는 항목은 기후변화 대응 활동의 가장 큰 축인 탄소감축 관련 내용이다. 탄소감축 관련 기간별 목표, 실행 계획, 달성 현황, Scope3 배출량 관리 여부 등 탄소감축 관련 매우 상세한 정보를 요청하고 있다. 더불어, RE100이나 SBTi(Science Based Target Initiative) 등 최근 들어 기업들이 많이 가입하고 있는 ESG 관련 주요 이니셔티브에 대한 질의가 많았으며, 탄소감축 목표 달성에 필요한 신규 투자 재원(CAPEX) 규모 및 기후변화 대응과 관련하여 임직원의 보상과 연계되어 있는지 등을 주로 문의했다.

사회 측면에서는 전체 임원과 이사회 인원 중 여성 비중 등 젠더 다양성 관련 현황 및 개선 계획과 강제 노동 및 인권 관련 회사의 정책과 현황, 리스크 관리 방안 등을 주로 문의했다. 특히, EU의 ESG 공급망 실사 의무화 관련 법안 발효가 예상되면서 공급망 실사 관련 문의가 대폭 증가하였으며, 공급망 ESG 이슈 발생 시 행동 지침, 공급망 실사 빈도·방법·고위험 협력사 관리 방안 등 상세한 프로세스 및 리스크 관리 방안 등을 문의했다.

지배구조 측면에서는 ESG 경영 목표가 경영 전략과 함께 가고 있는지, 배당 정책 및 주주가치 제고 방안, 사외이사 평가 여부, 이사회 구성원을 선발하는 기준 및 사외이사의 전문성과 다양성 담보 방안, ESG 경영을 위한 의사결정 체계 등을 주로 질의했다.

전반적으로, ESG 관련 투자기관의 질의 수준이 불과 1~2년 만에 더욱 구체화되었고, 그 수준도 실무적인 단계까지 근접해 있음을 IR현장에서 피부로 느끼고 있다. 환경에 집중되어 있던 질의 범위는 사회와 지배구조로까지 심도 있게 확장되었다. 특히 투자기관의 요구 사항과 관심도가 EU 등 선진 시장의 ESG 규제와 굉장히 밀접하게 연관되어 있음을 파악할 수 있었다. 이러한 사실은 기업의 IR조직에서 EU 등 선진 시장의 ESG 규제를 바탕으로 ESG 정보 관련하여 향후 기관투자자가 요청할 만한 항목을 예측해 볼 수 있다는 의미로도 해석할 수 있다.

4) 향후 투자기관의 질의가 집중될 것으로 예상되는 항목
하기 그림의 항목은 LG전자 IR에서 최근 EU 규제, ESG 정보 관련 최대 인덱스 기관인 MSCI의 평가 질의 항목, 최근 ESG 주요 트렌드를 반영하여 예측한 질의 예상 항목 목록이다.

〈그림 12〉 LG전자의 ESG 관련 질의 예상 항목

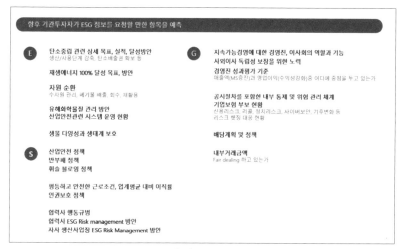

출처: LG전자

　현재 기관투자자가 집중하고 있는 ESG 이슈뿐 아니라 향후 요청할 만한 ESG 경영정보 항목을 추출하는 등 비재무정보의 투자의사 결정에 대한 영향력 증대에 따른 대응과 기관투자자들의 ESG 경영정보에 대한 니즈를 충족시킬 목적으로 ESG IR자료를 구축, 준비 중이며, 이는 투자기관이 원하는 ESG 정보를 예측하고 대응할 수 있게 할 것이다.

4. ESG 경영과 시장소통의 고도화

■ 비재무 기업정보가 투자 의사결정에 미치는 영향

ESG 투자 현황과 기관투자자의 주주 관여 활동 등 앞에서 살펴본 바와 같이 이제는 비즈니스 성공을 재무 성과만으로는 이야기할 수 없는 시대이다.

EY한영이 공개한 전 세계 19개국 투자기관 임원 320명을 대상으로 진행한 '2021 EY 글로벌 기관투자자(Global Institutional Investor Survey, GIIS) 6차 설문조사' 결과에 따르면, 글로벌 투자자의 90%가 코로나19 팬데믹 이후 투자 결정 시 기존 재무성과와 더불어, ESG 성과를 더욱 중요하게 여기고 있는 것으로 나타났다.

〈그림 13〉 ESG성과가 투자 의사결정에 미치는 영향

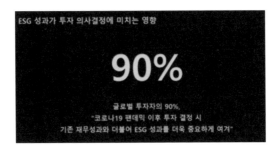

출처: '2021 EY 글로벌 기관투자자(Global Institutional Investor Survey, GIIS) 6차 설문조사', EY한영

또한 대다수의 투자자가 포트폴리오 및 투자 대상 검토 시 기업 비재무정보를 검토하는 것으로 나타났다. 응답자 중 78%는 "비재무정보를 체계적으로 검토한다."고 답했으며, 이는 2020년 조사 결과(72%) 대비 6%p, 2018년 조사 결과(32%) 대비로는 무려 46%p 증가한 수치이다.

〈그림 14〉 기관투자자 "기업 비재무정보를 검토하는 비중은?"

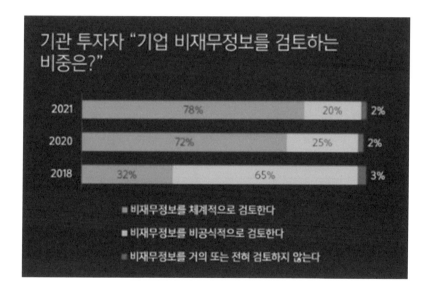

출처: '2021 EY 글로벌 기관투자자(Global Institutional Investor Survey, GIIS) 6차 설문조사', EY한영

EY한영이 2023년 6월 국내 기업의 회계 · 재무 · 감사 부서 임직원 총 708명을 대상으로 실시한 '2023 EY한영 회계감사의 미래 설문조사'에 따르면, 국내 기업의 회계 · 재무 · 감사 종사자 10명 중 7

명은 ESG 및 비재무적 정보 공개가 '기업가치'에 영향을 미친다고 생각하고 있는 것으로 나타났다. 기업의 ESG 및 비재무적 정보 공개가 기업에 미치는 영향을 묻는 말(중복응답)에는 기업가치(70%)와 브랜드 신뢰도(64%), 기업 경쟁력(39%), 투자 판단의 근거(23%), 재무 성과(14%) 순으로 영향을 미치는 것으로 나타났다.

〈그림 15〉 기업의 ESG 및 비재무적 정보 공개가 기업에 미치는 영향에 관한 설문 결과

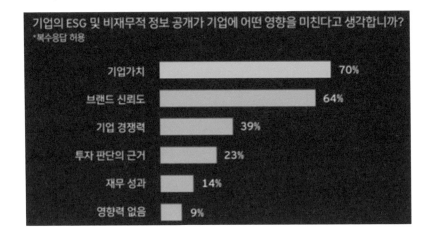

출처: '2023 EY한영 회계감사의 미래 설문조사', EY한영

다만, 동일한 설문에서 기업의 ESG 정보 보고 및 공시 준비 상황과 인식 현황도 함께 조사하였다. 그 결과, 응답자의 16%만이 'ESG 공시에 매우 잘 대비하고 있다'고 답했다. '준비가 부족하다'고 응답한 비율은 31%, '전혀 준비하고 있지 않다'의 응답 비율은 11%로,

이해관계자들이 바라보는 ESG 등 비재무 분야의 중요도는 증가했지만, 투자 결정을 내리는 데 중요한 잣대가 되는 표준화된 비재무 데이터의 접근성은 여전히 부족한 것으로 나타났다.

〈그림 16〉 ESG 보고 및 공지 관련 준비 상황에 관한 설문 결과

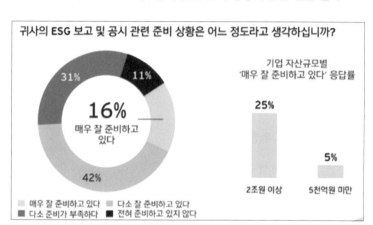

출처: '2023 EY환영 회계감사의 미래 설문조사', EY한영

앞서 살펴본 설문 결과들을 통해 ESG 중요성에 대한 인식은 확대되고 있지만, 그에 따른 구체적인 실행 및 준비는 이에 미치지 못하고 있음을 알 수 있었다.

ESG 정보공시 의무화를 앞둔 시점에서 기업들은 ESG 경영 전략 체계와 의사결정 대응조직 및 체계를 수립하고, 정보 공시 기준에 대한 이해, 정보 산출을 위한 체계 점검 등 준비를 철저히 해야 할 것으로 판단된다.

■ ESG 조직체계 정립과 시장과의 소통

이익 창출뿐 아니라 지속가능성과 이해관계자 자본주의까지 기업에 요구하는 눈높이가 올라가고, 기업을 바라보는 사회의 시선이 바뀌고 있다. 이 같은 변화의 흐름 속에서 재계는 ESG(환경·책임·투명경영)에 주목하고 있으며, ESG 경영을 위한 의사결정 체계 구축과 기업의 ESG 경영 실적 및 목표를 한 곳에 담은 지속가능경영보고서의 발간은 이제 기업의 규모를 떠나 필수 절차로 자리 잡는 모습이다.

● ESG 경영을 위한 조직 신설

최근 자본주의에서 기업에 대한 사회적 기대는 전통적인 이익 창출에 그치지 않고, 더 나아가 지속가능성과 이해관계자 자본주의를 실현할 수 있어야 한다는 것이다. 이와 같은 사회적 기대 변화의 흐름 속에서 기업은 'ESG(환경, 사회, 지배구조) 경영'에 앞다투어 나서고 있다.

특히 최근 1~2년 사이 나타난 ESG와 관련된 기업지배구조에서 가장 뚜렷한 변화는 ESG 위원회 설치이다. 실제로, 기업 평가 사이트인 'CEO스코어'가 전 코스피 상장사 820개 기업을 대상으로 2021년 10월에 조사한 결과에 따르면, 2021년 기준 상장사 중 15% 정도가 ESG 경영을 표명하기 위하여 이사회 내 전담 기구로 ESG 위원회를 새로 설치하였다고 한다.

이사회 내 소위원회인 ESG 위원회를 설치한 것은 기업이 ESG와 관련된 의제들을 올바르게 이해하고 적절한 의사결정을 내리기 위한 지배구조적인 변화이다. 또한, 기업이 ESG를 중요하게 인식하고 있으며 의사결정 과정을 투명하게 집행하고 있음을 대외적으로 표명하는 가장 빠르고 쉬운 방법이기도 하다.

다만, ESG 위원회 설치가 단순히 기업 보여주기 식의 홍보성 목적 (ESG washing)이라는 곱지 않은 시선도 존재하기에 ESG 위원회가 실효성을 가지려면, 설치 이후에 이루어지는 위원회의 지속적인 활동 여부와 ESG 위원회의 독립성 확보 여부가 더 큰 중요성을 지닐 것이다.

이를 위해 기능적으로 위원회가 설립 취지에 맞도록 이해관계자의 기대를 충족할 수 있는 수준으로 운영되는지를 지속해서 점검하고, 이사회 내 위원회가 설치되어 있다는 존재 자체보다는 위원회의 구성 현황, 안건 상정 범위, 승인 권한 등 기능에 더 집중해야 할 것이다.

출처: 2022년도 LG전자 기업지배구조보고서

● 지속가능경영보고서 발간

자본주의의 한계와 문제점을 해결하기 위한 사회와 정부의 지속적인 요구는 기업의 ESG 활동, ESG 경영이 등장하는 배경이 되었다. 기업은 이제 건전성, 높은 도덕적 가치, 지속가능성을 커뮤니케이션해야 하는 시대를 맞이했다.

기업의 ESG 경영 활동 성과를 대내 · 외로 커뮤니케이션하는 가장 대표적인 방법이 지속가능경영보고서 발간이다. 지속가능경영보고서는 조직의 지속가능경영 활동 및 성과를 공개하는 보고서로, 이해관계자들의 요구사항을 글로벌 가이드라인의 보고 원칙에 기반을 두어 작성하고 있다. 또한, 기업의 신용평가 및 등급 평가에 지속가능경영 성과가 반영되고, 공시 의무화 및 규제가 강화되면서 지속가능경영보고서의 활용도가 지속적으로 높아지고 있다.

한국거래소가 2022년 12월 발표한 유가증권시장 상장법인의 2022년 지속가능경영보고서 공시에 대한 분석 결과를 살펴보면, 공시 기업 수는 2021년 78사에서 2022년 128사로 증가하여, 자율적인 ESG 공시가 확산하는 추세를 보이고 있음을 알 수 있다.

〈표 6〉 연도별 보고서 자율공시 법인 수(단위 : 개사, %)

구분	'17년	'18년	'19년	'20년	'21년	'22년 12월
자율공시법인수	8	14	20	38	78	128
증가(증가율)	–	6(75%)	6(43%)	18(90%)	40(105%)	50(64%)

출처: 지속가능경영보고서 공시 현황 분석결과 및 모범사례 발표, KRX

리서치 전문회사인 미국의 거버넌스&어카운터빌리티(Governance & Accountability Institute)가 2022년 11월에 발표한 내용에 따르면, 2021년 기준 S&P 500 기업 중 96%, FTSE 러셀 1000 기업 중 81%가 ESG 보고서를 공개했다.

ESG 경영이 기업·사회의 지속가능성에 핵심이 된다는 판단에 따라 EU, 미국 등 주요국에서는 ESG 공시 의무화를 추진하고 있다. 지속가능경영 공시에 대한 세계적 요구가 확산함에 따라 우리나라에서도 ESG 공시 제도가 의무화될 계획이며, 점진적으로 코스피 상장사의 지속가능경영 공시가 의무화될 계획이다.

이렇듯 세계 경제의 뉴노멀이 ESG로 전환되어 가고, 선진국을 중심으로 ESG 공시 의무화가 확대되면서 우리나라 기업들의 ESG 준비는 기업 윤리 차원의 선택이 아닌 생존과 직결된 필수사항이 되었다.

기업지배구조보고서 가이드라인에서는 기업지배구조 핵심 지표 항목에 대해 준수 여부를 'O' 또는 'X'로 표기하게 하고 그에 따른 근거를 명백하게 기재하게 하는 등 공시 내용은 기업의 유리한 정보만 공시하는 것이 아닌, 투명한 공시를 하도록 법제화되고 있다. 이러한 ESG 경영 환경 속에서 기업은 공시 외에 자발적이고 차별화된 ESG IR활동을 통해 '지속가능'한 기업임을 커뮤니케이션할 수 있어야 할 것이다.

ESG IR시, 비재무적 분야라고 해서 추상적인 메시지, 친환경 메시지만 내세워서는 그로 인한 기업의 가치를 인정받기 어렵다. 새로운 친환경 제품 출시, 미래 세대의 지속가능한 삶을 위한 혁신 기술 개발 등 기업의 주요 비즈니스에 대한 수익화 목표 및 실행 계획을 ESG 경영으로 연결하고 ESG IR로 그것을 전달함으로써, ESG 경영이 단기적으로 비용이 소요되는 부분은 존재하나 장기적으로는 반드시 재무적 성과가 창출할 수 있음을 커뮤니케이션해야 할 것이다.

다수의 대기업 및 중견 상장사들이 ESG 나 IR부서를 통해 ESG IR을 하고 있지만, ESG IR의 중요성에 비해 실무 인력이 부족하여 대응력이 약한 것이 현실이다. 다양한 이해관계자들에게 기업의 지속가능성에 대한 확신을 통해 기업 가치를 향상하기 위해서는, ESG 전문가와의 협업 및 ESG IR 전문인력양성 등 기업의 ESG IR 내실다지기를 기반으로 ESG IR전략 수립 및 정기적인 ESG IR을 꾸준히 실행해야 할 것이다.

이러한 전략적이고 정기적인 ESG IR은 ESG 경영에 대한 시장의 관심사와 관계 당국의 주요 ESG 규제 동향 및 우려를 기업 내부에 공유하고 적시에 대응할 수 있도록 하는 커뮤니케이션 통로로서, 기업 가치를 향상하고 이익을 창출하게 하는 선순환 구조를 만들어 낼 것이다.

■ 성공하는 ESG 경영, 실패하는 ESG 경영

투자자들의 기업을 향한 ESG 정보 공개 요구는 꾸준히 증가함에 따라 "어떤 기준과 방향성을 갖고 IR활동을 해야 하는지"에 대한 상장기업 IR조직의 고민과 무게가 아마 상당하리라 생각된다. 다음에서 살펴볼 ESG 경영 성과를 투자자에게 전달한 'ESG IR활동 사례'를 통해 그 해답에 대한 실마리를 찾아보시기를 바란다.

1) 해외 사례: AXA의 통합 보고서 발간

〈그림 18〉 AXA: 사업보고서와 지속가능경영보고서를 통합한 "통합보고서" 발간

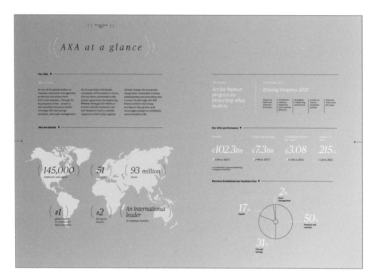

출처: AXA Integrated Report 2022

AXA(악사)는 지속가능경영보고서를 별도로 공시하지 않고 매년 발표하는 사업보고서에 ESG 활동을 포함해 통합보고서 형태로 발표하고 있다. 보고서에는 ESG 정보를 앞에 배치하고 재무 정보를 뒤로 뺄 정도로 ESG 정보공시의 중요성을 높게 평가하고 있다. 실제로 AXA는 지속가능하지 않은 산업에 대해서는 보험 인수를 거절할 만큼 엄격한 ESG 경영을 원칙으로 하고 있다. 이에 S&P의 DJSI와 MSCI ESG 평가에서 최고 수준임을 인정받았고, 특히 투자책임 부문에서 가장 높은 평가를 받고 있어, ESG 경영 내재화와 ESG 평가 결과가 일치하는 바람직한 기업 사례라고 볼 수 있다.

2) 해외 사례: 3M의 탄소감축 계량정보 공시

〈그림 19〉 3M: ESG 목표와 성과를 지속가능경영보고서에 상세하게 공시

출처: 3M Global Impact Report 2022

3M은 매년 지속가능경영보고서 발간을 통해 ESG 목표와 성과를 상세하게 공시하고 있다. 3M은 지속가능보고서를 통해 2030년까지 탄소 배출량 50% 감축, 2040년까지 80% 감축, 2050년까지 100% 탄소 중립 목표를 투자자에게 알렸고, 이를 실현하기 위한 적극적인 실천에 나서고 있다. 실제 제조 공정 개선과 폐기물 재사용 등의 방법을 통해 지금까지 약 22억 달러를 절감했다. 그 결과 2000년 이후 기업가치가 지속해서 성장함은 물론 온실가스 배출량을 대폭 줄였으며, 창업 100년이 넘었음에도 월스트리트저널(WSJ)은 3M을 '가장 혁신적인 기업'으로, 포춘지는 '가장 존경받는 기업'으로 꼽았다.

3) 해외 사례: 유니레버의 보고 투명성 제고

〈그림 20〉 유니레버: 투명한 보고

출처: Unilever Sustainable Living Plan

유니레버의 지속가능경영보고서에는 진행 중인 목표, 달성하지 못한 목표, 삭제한 목표 등으로 구분해서 이유를 밝히는 등 투명하게 보고하고 있어, 달성한 목표와 진행 중인 목표 위주로 커뮤니케이션 하는 타 기업과 다른 행보를 보인다. 유니레버는 2010년 11월부터 '지속가능한 삶 계획(SLP, Sustainable Living Plan)'을 수립하고 이행하고 있는데, 매년 SLP의 시행 결과를 발표하고 있으며, NGO와 정부, 주요 이해관계자들로부터 회사의 문제점과 잘한 점, 회사의 방향 등에 대해 솔직하게 공개하고 있다고 평가받고 있다. 보통 이해관계자들은 회사 내부에서 어떤 일이 벌어지고 있는지, 사고가 있었다면 어떤 과정을 통해 해결되었는지 알고 싶어하는데, 유니레버는 이러한 내용을 투명하게 커뮤니케이션하고 있다. 과거 유니레버의 파키스탄 계약 노동자 업무환경에 대한 우려와 마다가스카르에서의 아동 노동 사용 혐의가 도마 위에 올랐을 때, 해당 문제에 대한 내부 대응 절차, 국제기구와의 중재를 통한 문제 해결 등의 과정을 보고서에 그대로 담는 등 ESG를 포함한 주요 경영상의 변동 사항 등을 이해관계자들에게 투명하게 공유함으로써 높은 신뢰를 받았다.

이와 달리 과도한 ESG 경영으로 오히려 기업 가치가 감소하는 결과를 맞은 사례도 함께 살펴보자.

4) 해외 사례: 다농의 과유불급(Balancing 실패) 사례

〈그림 21〉 다농(DANONE): 기업의 재무적 가치를 훼손한 지속가능경영의 결과

출처: 한국경제, "ESG 경영'의 딜레마…佛 다논, 사회적 책임 집착하다 최악 실적" (2021)

에비앙과 볼빅을 생산하는 프랑스 최대 식품기업 다농(DANONE)은 'One Planet, One Health'라는 슬로건을 바탕으로 기업의 경영 전략

과 비전을 ESG 목표와 일치시키고, IR을 비롯한 기업의 모든 경영 전략이 ESG 관점에서 검토 및 결정하는 의사결정 구조로 만들었다. 그 결과 MSCI ESG 지수에서 최고 등급인 AAA를 유지하고 공시 우수 기업 사례로 꼽히는 등 ESG 경영의 모범 사례로 손꼽혔다. 그러나 사회적 책임을 지나치게 강조한 나머지 매출 성장 부진과 수익성 악화를 겪으며 재무적 성과와 ESG의 균형 있는 경영에 실패하였고, 이를 사유로 CEO 퇴진을 요청하는 행동주의 주주들의 압박에 2014년부터 다농을 이끌던 파베르 CEO는 대표이사직에서 해임되었다.

다농의 사례는 기업의 ESG 활동이 더 이상 선택이 아닌 필수 경영 전략이지만 기업의 재무적 가치를 훼손한다면 지속 가능하지 않다는 것을 보여준 사례다. ESG 경영이 기업의 지속가능경영을 위한 필수 요소로 본격화되고 있다. 그 속에서 우리는 재무와 비재무 성과의 균형을 통해 기업의 가치를 극대화하는 것이 무엇보다 중요함을 잊지 말아야 하겠다.

5. ESG 경영에서 IR의 역할

지금까지 ESG의 개념부터 트렌드 변화 그리고 ESG 경영의 고도화를 이루기 위한 기본적인 과제까지 전반적인 내용을 다루어 보았다. 아울러 각각의 주제와 이슈들이 실제 IR부서의 활동과 어떻게 연계되는지에 대해서도 간략하게 설명했다. 이제부터는 투자자들로부터 신뢰받는 ESG 경영의 성공적인 정착과 이에 기반을 둔 IR활동의 성과 확보를 위해 IR부서가 어떠한 역할을 수행해야 하는지에 대해서 정리해 보자.

■ ESG 관리체계 수립에서 IR의 주도성

서두에서 ESG의 대두는 기존의 유사 개념들과 차별화되는 내용이었으며, 글로벌 투자자들이 기업에 대한 투자의사 결정 시 ESG로 대표되는 비재무적 요인의 리스크와 기회 요인에 대해 평가하고, 이를 통해 기업과 사회 공동체의 지속가능성을 제고하고자 하는 동기가 있었음을 소개한 바 있다.

이처럼, ESG 경영 또는 관리는 기본적으로 투자자를 한 주체로 삼고, 투자자들에 대한 관련 정보 제공을 전제로 한다. 그런 점에서 ESG 경영과 관련한 관리 체계의 정립과 Data, 콘텐츠의 준비 그리고 이를 활용한 대외 소통에 IR부서가 주도적으로 참여하는 것은 필수적이다. 따라서 만약 기업이 아직 조직체계 구성, 관리 항목의 정비, 유관부서 간 R&R 정비 등 ESG와 관련한 기본적인 사전작업을 진행하지 못했다면, IR부서가 투자자 의견 등 제도 변화의 추세와 사업상 영향(Implication)을 경영진에게 전달하여 관련 논의를 제기해야 한다. 또한, ESG 경영 준비의 시급성과 효용성에 대해 더욱 적극적으로 의견을 개진할 필요가 있다.

경영진은 IR부서가 증권사와 투자사, 전문 ESG 평가사 등으로부터 직·간접적으로 요구받는 투자자의 니즈와 함께 이런 요구에 적절히 대응하지 않았을 때 발생할 리스크를 IR부서를 통해 제대로 전달받아야 한다. 그래야 이에 대해 더욱 적극적으로 대응하고 준비하기 위한 자원 투입 의사결정을 할 수 있을 것이다.

■ ESG 관련 인바운드/아웃바운드 IR활동

ESG 경영 환경에서 IR이 해야 하는 행동은 무엇이 있을까? 이를 인바운드, 아웃바운드 측면으로 나누어서 좀 더 상세히 살펴보겠다.

〈그림 22〉 ESG 측면에서 살펴본 인바운드/아웃바운드 IR

Inbound IR Activities

- ESG 정보공개 표준화 관련 유관부서 협업 주도
- ESG IR Communication 위한 Contents 개발
- 시장의 우려, 제안 내부 소통
  기업활동 및 사업영역 상 ESG Risk 요인에 대한 시장 의견 전달
- Industry 內 ESG 관련 Intelligence 활동
  주요 규제, 투자자 관심사항 등 파악
  유관, 경쟁기업 ESG관련 동향 파악, 내부 공유

Outbound IR Activities

- 기관투자자 중심으로 ESG 개선 부실 기업에 대한 적극적 의결권 행사 대응
  BlackRock, 국민연금, State Street 등
- 선제적 ESG IR 활동 전개
  비재무 기업정보의 투자의사결정에 대한 영향력이 확대됨에 따라 선제적 대응 필요
  주요국의 정보공개관련 규제도입 현황 사전 파악, 대응
  함 투자자용 연관 IR 컨텐츠, Data 정비, 커뮤니케이션 활동 수행
- 이해관계자 대응
  ESG 정보 제공에 대한 은행/고객사/신평사 요구 증대
  은행, 고객사: 거래 대상 기업의 ESG 평가 수준 확인
  (CITI, ING생명, 혼다, 코스트코 등)
  신용평가사: 신용평가사 자체 ESG 평가 확대 (S&P, 무디스 등)

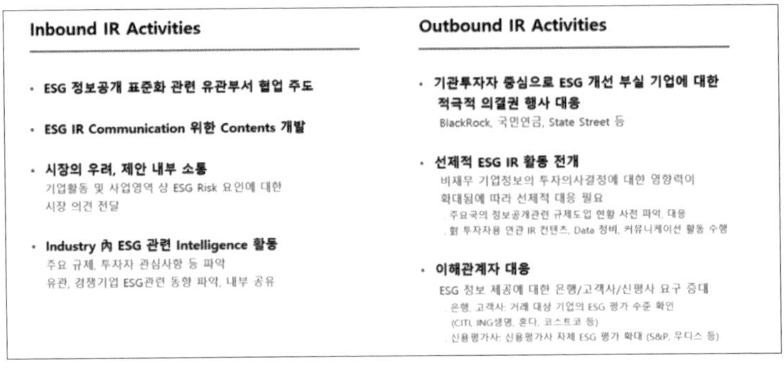

출처: LG전자

1) 인바운드 IR활동

ESG 정보공개 표준화 관련 유관부서 협업을 주도하고 ESG IR 커뮤니케이션을 위한 콘텐츠를 개발하고, 기업활동 및 사업영역 상 존재하는 ESG 리스크 요인에 대한 시장의 우려와 제안을 내부에 적시에 전달하며, ESG 관련 주요 규제와 투자자 관심 사항과 유관/경쟁기업 ESG 관련 동향을 파악하여 이를 내부와 공유하는 등 산업 내 ESG 관련 정보(Intelligence) 활동을 수행해야 한다.

2) 아웃바운드 IR활동

최근 경향은 블랙록, 국민연금, State Street 등 기관투자자가 중심이 되어 ESG 경영 성과가 부진한 기업에 대해 적극적 의결권을 행사하고 있다. 회사도 이런 경향에 능동적으로 대응해야 한다. 특히 비재무 기업정보가 투자의사 결정에 미치는 영향력이 큰 폭으로 확대됨에 따라, 비재무 기업정보의 공시와 관련한 표준화 활동을 포함하여 관련한 데이터베이스 구축, 대외 커뮤니케이션 활동 등 선제적인 ESG IR활동을 전개하는 것이 중요하다. 이를 통해 투자기관의 투자의사 결정을 지원하고 금융기관, 고객사, 협력사 등의 이해관계자로부터 비즈니스 관련 의사결정을 위한 ESG 정보 제공에 대한 요구를 신속하고 효율적으로 대응함으로써, 회사에 대한 투자자의 신뢰를 강화하고 지속적인 성과관리를 위한 토대를 구축하여야 한다.

■ ESG 관련 조직적 협업의 기획

기업의 조직 구성, 규모, ESG 전담 관리조직의 유무에 따라 상황이 다를 수 있겠으나, 일부 대기업을 제외하고 대부분의 중견·중소 기업은, ESG와 관련한 현황 파악의 소요제기 및 이의 가공, 그리고 공시 등의 방법을 통한 시장 전달의 과정에서 IR부서가 시작부터 끝까지 관여하게 되는 경우가 다수일 것으로 생각된다. 이 과정에서 IR은 회계, 법무, 기획 등 이러한 정보를 생산하고 관리하며 제공해 줄수 있는 유관부서들과의 효과적인 협업 방안을 수립, 실행해야 한다.

예를 들어 ESG 평가기관의 평가 정보 요청에 대해, 각 항목의 주관 부서들과 사전의 협업 관계 구축을 통한 신속한 정보 제공이 가능하도록 사전 업무 조율을 완료해야 한다. 이를 통해서만 일관성 있고, 안정적인 사업 현황 공유가 가능하기 때문이다. 이와 더불어 IR부서는 시장의 ESG 관련 규제, 제도의 변화에 대해서도 민감하게 최신동향을 확인하여 이를 최고 의사결정자에게 보고함으로써 리스크를 사전에 감지하고, 적절한 준비를 진행할 수 있도록 해야 한다.

■ 공시제도 변화에 대한 적극적 대응

IR은 시장과 커뮤니케이션을 통해 시장이 원하는 ESG 관련 니즈를 파악 후 해당 내용에 대해 투명하게 공시하고, 공시된 내용을 기반으로 ESG 성과에 대해 제대로 평가받으며, 평가 결과에서 도출된 취약점을 개선해 이 결과를 다시 커뮤니케이션하고, 다시 니즈를 파악하며, 공시하고, 평가받아 개선하는, 선순환 사이클을 구축할 수 있게 협력해야 할 것이다.

블랙록이나 연기금처럼 장기 투자 중심의 기관은 투자처의 단기 수익률보다는 장기 안정성을 훨씬 더 중요하게 여기는데, 기업의 장기 안정성을 해치는 리스크의 대부분은 ESG 영역에서 발생한다.

투자기관이 투자처의 장기 안정성을 평가하는데 ESG 평가와 실제 기업의 ESG 리스크 관리 능력을 중요하게 생각하기 때문에, ESG 평가를 잘 받는 것과 실제로 ESG 경영을 잘 수행하여 ESG 리스크 관리 능력을 높이는 것 모두 매우 중요하다.

ESG 경영 내재화와 함께 시장에서 제대로 그 가치를 평가받기 위해서는 앞서 말한 커뮤니케이션, 공시, 평가 그리고 개선의 선순환 사이클을 구축할 수 있도록 대내외 이해관계자와 끊임없이 소통하고 협력하는 연결고리의 역할을 IR에서 수행해야 할 것이다.

아울러, 앞선 장에서 설명한 바와 같이 EU를 중심으로 확산되고 있는 ESG 관련 내용의 공시 강화라는 글로벌 트렌드에 맞추어 관련 Data와 내용의 구성 및 전달 방식(공시, 홈페이지 설명 강화 등)에 대해서도 IR이 각 유관부서와 함께 추진계획의 수립에서 실무적인 기획까지 주도적으로 준비에 참여해야 하겠다.

■ ESG IR자료(IR콘텐츠)의 제작과 관리

ESG에 대한 투자자의 질문에 더 효과적으로 대비하기 위해 MSCI

와 같이 널리 사용되는 프레임워크, EU의 ESG 규제 지표 등을 기반
으로 투자자가 미래에 요청할 가능성이 있다고 판단되는 ESG 경영
정보를 예상하고, 재무 관점에서 데이터를 기반으로 작성하고자 노
력하여야 한다. 재무 관점에서 ESG 경영정보를 설명하기 어렵다면
관련 데이터, 목표 및 상세 계획 등을 공유하는 형태로 대처하는 것
이 낫다.

많은 기업이 발간하고 있는 지속가능경영 보고서에는 GRI, SASB,
TCFD 관련 데이터 인덱스가 포함되어 있다. 그러나 관련 내용이 링크
로 되어 있고 서술 형태이기에 가독성이 떨어진다. 이를 고려해, 정량
데이터는 직관적으로 볼 수 있도록 최대한 그래프로 표현해 전달하면
좋을 것이다. 이를 위해 ESG 인덱스 그래프 구축이 필요하다.

실적 데이터는 관련된 KPI의 달성 정도 및 히스토리를 보여주는
것이 좋다. 투자자 입장에서 중요한 점은 데이터가 실제 전략 및 운
영의 효율성을 입증하는지를 확인할 수 있어야 하기 때문이다. ESG
목표 및 이를 통해 달성하고자 하는 경제적 효과와 목표의 시계열에
따른 달성 정도 등을 되도록 피어 그룹(Peer group)과 비교해 주면
매우 선호되는 자료가 될 것이다.

추가로, 기업의 ESG 리스크 관리 역량에 대해 투자자들의 관심
이 높다. 법률 위반 및 사건·사고 등 흔히 제기된 컨트러버셜 이슈

를 보여주고 그에 대한 해결 방안을 제시하거나, 법 위반 및 제재 사항의 숫자가 줄어가는 경향 등을 보여주는 것도 좋은 방법이다.

■ ESG IR측면에서 하지 말아야 할 것은?

1) 단순한 '선행의 홍보'에 집중하지 말라

투자자의 투자 동기는 매우 현실적이다. 투자자가 기업의 ESG 현황을 요구하는 것은 기업이 얼마나 좋은 일을 많이 하고 있는지를 파악하는 것이 아니라, 기업가치의 관점에서 리스크와 기회 요인이 무엇인지를 최대한 정량적이고 구체적으로 점검하려는 것이다. 따라서 IR이 ESG와 관련하여 구축, 전달해야 하는 콘텐츠는 단순한 선행에 대한 설명이 아니라 ESG 요소별로 어떻게 기업 가치를 높일 수 있는지를 설득력 있게 제시하는 내용이어야 한다.

2) ESG와 관련한 모든 정보의 나열이 중요한 것이 아니다

ESG에 관한 모든 정보를 나열하다 보면 어떤 것이 진짜 중요한지 놓칠 수밖에 없다. ESG는 경영 전반에 대한 내용을 담고 있기에 관련한 정보는 무수히 많고 그것을 모두 나열할 수도 없다. 정보 제공 전에 어떠한 것에 대해 집중해야 하는지 정보의 중요성을 평가하고, 시장참여자가 원하는 정보가 무엇인지 파악해 우선순위 목록으로 정리하자. 이후 이 목록에 올라온 정보 위주로 전달하면 더욱 효과적인 IR활동이 될 것이다.

3) 그린워싱을 경계하라

ESG가 새로운 먹거리로 떠오르다 보니, 그 본질과는 거리가 먼 마케팅이나 서비스, 관련 어워드가 우후죽순처럼 생기고 있다. 그러다 보니 요즘 시장환경에서 기업은 그린워싱(Green Washing)의 유혹에 빠지기 쉽다.

그린워싱이란 실제로는 친환경적이지 않지만 마치 친환경적인 것처럼 홍보하는 '위장 환경주의'를 의미한다. 예를 들면 기업이 제품 생산 전 과정에서 발생하는 환경오염 문제는 축소하거나 가리고, 재활용 등의 일부 친환경 과정만을 부각해 마치 전체가 친환경인 것처럼 포장하는 행위이다.

기관투자자들은 기업의 특정한 평가 결과에 따라 투자 여부를 판단하는 것이 아니라, ESG 리스크가 발생했을 때 그 기업의 대처 방법에 더 관심을 가지기 때문에, 기업은 그린워싱이 아닌 ESG 경영의 본질에 집중하는 노력이 필요하다는 사실을 유념해야 한다.

■ ESG IR을 위해 기억해야 할 것

지금까지 살펴본 ESG IR를 정리하면 다음과 같다.

1. ESG에 대한 투자자의 고려사항은 대부분 고객의 요구, 리스크 관리 및 규제로 이루어진다.

2. 투자자의 동기는 매우 현실적이다. IR의 ESG 콘텐츠는 단순한 기업의 선행 홍보가 아닌, 기업가치 제고의 관점에서 ESG 요소별 리스크와 기회 요인을 구체적으로 설명하는 정보여야 한다.

3. 이러한 점을 염두에 두고 상장 기업은 투자자와 소통할 때 ESG 주제를 재정적 영향과 연결하고, 미래를 전망한 ESG 관련한 데이터로 설명하는 것이 좋다.

4. ESG에 대한 투자자 질문에 더 효과적으로 대비하려면 MSCI와 같이 널리 사용되는 인덱스와 CSRD, SFDR과 같은 EU의 ESG 선진 규제 기준을 기반으로, 투자자가 어떤 ESG 질문을 할지 예측하는 과정이 필요하다.

5. ESG 관련 좋은 커뮤니케이션 소재를 가진 회사를 벤치마크하는 것도 좋은 대안이 될 수 있다.

다만, 재무적 관점에서 ESG 요인을 설명하기 어렵다면 투자자들에게 주요 ESG 경영 목표와 달성 현황 등 핵심 지표에 대한 상세한 설명, 관련 데이터 공유, 공식적인 기관으로부터 인증받은 세부적인 계획에 대한 정보 제공이 투자자들의 관심사가 될 수 있을 것이다.

6. 모두의 아젠다가 된 ESG와 IR

ESG로 뜨거웠던 2020년과 2021년 그리고 2022년을 지나면서 이제 'ESG'는 모두의 아젠다가 되었다. 블랙록 CEO 래리 핑크는 환경, 사회, 거버넌스 요소를 살핌으로써, 경영에 대한 필수적인 인사이트를 효과적으로 얻을 수 있다며, 이를 근거로 기업의 장기 전망도 가능하다고 강조했다. 이와 함께 블랙록은 전통적인 투자 방식과 ESG 인사이트를 결합한 지속가능한 투자전략을 수행하겠다고 선언을 했다. 투자하는 기업의 ESG 관련 정보를 고객에게 적극 제공하겠다고 약속하면서, 투자하는 기업의 CEO들에게 연례 서한을 보내 ESG 경영을 제안하며, ESG 관련 정보 공개를 당부하기도 했다.

EU는 ESG 공시, 분류 체계에 대한 규제를 도입하고 대부분의 EU 지역 금융회사뿐 아니라 EU에 금융상품을 판매하는 비(非) EU 금융회사에도 이를 적용하기로 했다. ESG에 대한 관심을 규제로까지 활용하기 시작했다. 미국 역시 바이든 행정부는 트럼프 정부 당시 탈퇴한 바 있는 파리기후협약에 재가입하면서 청정에너지를 위한 예산투입과 함께 2050년 탄소배출의 제로를 발표하기도 했다.

금융위원회는 2024년 1분기 중에 국내기업에 적용될 ESG 공시 기준을 구체화하겠다고 밝혔고, 이에 앞서 2020년 11월에는 국민연금도 ESG를 고려한 투자 비율이 전체 포트폴리오의 50% 이상 넘게 하겠다고 발표했다.

언뜻 생각하기에 기업 입장에서 귀찮고 번거로운 일이 늘어난 것처럼 보일 수 있는 것이 사실이겠지만, ESG 공시 강화가 단순히 정책 편의성이나 글로벌 기업들과의 키 맞추기 차원에서 진행되는 것은 아니다. 본질적으로 ESG 정보공시를 확대해야 하는 주된 이유는 기업가치 상승이다. ESG 정보에 대한 공시는 적시에 충분한 정보를 전달함으로써 투자자의 신뢰도를 높이고 기업가치 향상에 긍정적인 영향을 미치기 때문이다.

국내외 투자사들이 ESG 평가 비중을 높이겠다고 한 이유는 지구 온난화, 빈부 격차의 양극화, 예상치 못한 팬데믹 등 점점 더 심각해지는 지구촌의 사회, 환경 문제를 비즈니스로 해결하겠다는 선한 의지만 있는 것은 아니다. 언론보도에는 ESG 투자 명분을 사회적 가치로 밝히고 있지만, 실제 더 현실적인 이유는 투자의 장기 안전성 때문일 것이다.

우리 회사의 ESG 정보를 공시하고, 기관투자자 및 이해관계자와 커뮤니케이션하여 개선점을 파악하고 이를 내부적으로 커뮤니케이션함으로써 개선 항목을 발굴하고, 이를 개선하여 회사의 가치를 높이고 투자자의 투자의사 결정에 영향을 주게끔 지원하는 일련의 업무 프로세스가 모두, 우리가 하는 IR활동이다. IR활동을 통해 ESG 경영의 진정한 의미와 가치가 발현되는 것이다.

ESG 경영 또한 IR조직이 매우 중요하다. 변화하는 기업환경 속에서 원활한 IR활동을 위해서라도 ESG에 관한 주요국과 우리나라의 정책이 어떻게 바뀌고 있는지 예의주시해야 한다. 이는 ESG의 핵심 척도 변화에도 마찬가지로 적용된다.

결국 우리가 IR에 대해 이해하고 전략을 세우며, 관련 활동을 해나가는 것은 기업의 성장을 위해서다. 우리는 기업경영에 필수적인 주주총회, 공시, 실적발표 등 IR의 기초적인 활동을 탄탄하게 함은 물론 미래 경영 환경에서 기업이 성공적으로 살아남고 성장할 수 있도록 ESG라는 미래 영역까지 뻗어나가야 한다. 그리고 이 과정이 우리 기업의 진정한 가치를 찾는 IR활동이 되길 바란다.

IR insight
한국IR협의회

인쇄 2023년 12월 8일
발행 2023년 12월 20일

발행인 이은선
발행처 반달뜨는 꽃섬 [서울시 송파구 삼전로 10길50, 203호]
연락처 010 2038 1112   E-MAIL itokntok@naver.com

ⓒ 한국IR협의회, 저작권 저자 소유

ISBN 979-11-91604-31-3 (93320)